A Nova Terra

O nascimento de uma nova consciência.

Tradução:
Maria Lúcia Acaccio

Revisão de textos:
Isaias Zilli

Capa:
Equipe técnica Isis

Diagramação gráfica:
Toñi F. Castellón

Arte final:
Sidnei R. Ramos

Supervisão editorial:
Gustavo Llanes Caballero

ISBN:
85-88886-25-1

Proibida a reprodução total ou parcial desta obra, de qualquer forma por qualquer meio eletrônico, mecânico, inclusive por meio de processo xerográfico, sem permissão expressa do Editor (lei nº 9.610 de 19.02.98)

Direitos exclusivos para a língua portuguesa reservados pela
EDITORA ISIS LTDA.

www.editoraisis.com.br
contato@editoraisis.com.br

Mara Regina Zumpano

A Nova Terra
O nascimento de uma nova consciência.

Editora ISIS

Às minhas filhas, Tábata e Aninha, que jamais esqueçam que nasceram para a felicidade.
Torço para que de seres "Índigo" transformem-se, pelo amor, em seres "Cristais".
Eu sempre as amei e sempre as amarei.

Livre não é aquele que não tem obrigações, mas o que as cumpre com alegria; não é o que pode estar em todos os lugares, mas o que de lugar algum necessita. Livre não é aquele que pode pegar o que quiser, mas o que pode dizer com sinceridade: "Sou feliz com o que tenho". Também não é o que satisfaz todas as suas vontades, mas aquele que não se escraviza aos próprios desejos.

Agradecimentos da autora

Agradecimentos são momentos muito especiais, principalmente ao agradecer todos os que, de alguma forma, cooperaram para eu poder "escrever com o coração". Muitos, aqui, não nomeados por terem estado ao meu lado em algum momento de meu viver, fazem parte de pensamentos, frases, aprendizados aqui relatados; seus nomes, saibam, estarão sempre em meu coração.

Agradeço primeiramente aos meus familiares a primeira forma de Amar, sempre, aprendemos com a família. Grata sou aos meus avós (todos já vivendo as alegrias do "andar de cima"), tios e tias, primos e primas.

A NOVA TERRA - O nascimento de uma nova consciência.

Grata aos irmãos Marcos, Márcia e Marta e a todos os seres encantadores que vocês agregaram às nossas vidas.

Reconheço e agradeço a bênção de ter como meus pais a Profª Maria Ignêz Forster Zumpano e o Prof. Osmar Zumpano: após anos de dedicação, Amor e bons exemplos, souberam o momento exato de empurrar aquele filhote de águia no precipício, para, assim, eu aprender a verdadeiramente voar, para alçar vôos altos e conhecer o ilimitado. Aqui, o primeiro agradecimento especial foi a meu pai, que realizou com mestria a revisão ortográfica deste livro. Sei que, ao revisá-lo, a tinta vermelha de sua caneta também estava carregada de ternura e paixão, pois ensinar, escrever, relatar sempre foram as paixões deste Mestre. Obrigada pai.

Retribuo o Amor de meu companheiro de vida, Aguimar Amaral; não deve ser fácil a você, meu amado, conviver com um ser que se dedica ao Amor sem medos, que se permitiu novos sentimentos e novas formas de viver.

Agradeço a todos os meus amigos, homenageando um grande amigo, Carlos Eduardo Pestana Magalhães. Ele prova, a mim, que os diferentes podem se entender e se amar. Continuaremos sempre diferentes e talvez por isso, muito amigos. A edição de seu livro, meu amigo, foi o empurrão que faltava para a concretização deste meu sonho.

Um agradecimento inusitado aos inimigos, se é que existem, pois tenho certeza de que assim se fizeram apresentar a mim nesta vida para ajudar em minha

Agradecimentos da autora

evolução; vocês podem me considerar inimiga, mas um dia saberão: são mais meus amigos que muitos dos que vivem ao meu lado no atual viver.

Um ser irmão e amigo eterno, Alexandre Nominato; aquele canto virtual, ao qual chamo carinhosamente de Santuário Cósmico, criado, por você, com o Amor Fraternal dos Grandes Mestres, não só me levou de volta às Estrelas como me levou de volta ao escrever, me levou de volta a todos os nossos "irmãos de busca", e principalmente me trouxe de volta ao meu real e feliz Ser. Aqui cabe mais um agradecimento especial: foi Nominato que inseriu em seu site "Ascensão" todas as informações que lhes passo no capítulo sobre os implantes e os decretos de sua retirada.

Tão importante quanto todos os agradecimentos especiais, reconheço o profissionalismo e a qualidade dos serviços de toda equipe da Editora ISIS e também, a ajuda brilhante um anjo humano de nome Marilu Garcia do Amaral da Assessoria de Imprensa da MGA Comunicação

Obrigada, Obrigada, Obrigada, á todos vocês.

Sumário

Introdução 17

PARTE 1

Capítulo 1 - Saudades do Lar 23
Capítulo 2 - O amor responsável 27
Capítulo 3 - Crianças e adultos Índigo e Cristal 31
Capítulo 4 - Começando a transformação 37
Capítulo 5 - O verdadeiro amor 39
Capítulo 6 - O Amor e o amor 43
Capítulo 7 - A falta de amor 47
Capítulo 8 - Mudança necessária 51
Capítulo 9 - A Terra viva 55

A NOVA TERRA - O nascimento de uma nova consciência.

Capítulo 10 - Aprendizado do amor 61
Capítulo 11 - Um novo sentimento 67
Capítulo 12 - A Nova Terra 71
Capítulo 13 - A força do pensamento 75
Capítulo 14 - Nossa herança divina 79
Capítulo 15 - A ordem na Nova Terra 83
Capítulo 16 - Consciência de massa e consciência planetária 89
Capítulo 17 - A morte. Por quê temê-la? 93
Capítulo 18 - Honrando a Vida e a Morte 97
Capítulo 19 - Guerreiros pacíficos 103

PARTE 2

Capítulo 20 - O ser da Nova Terra 107
Capítulo 21 - Preparando-se para a Nova Terra 111
Capítulo 22 - Limpando suas energias 119
Capítulo 23 - Como meditar 123
Capítulo 24 - Os implantes 127
Capítulo 25 - O processo para retirada de implantes 133
Capítulo Final - Um lugar de Amor e Paz 143

Glossário 149

Introdução
Verão de 2006
O Ano da Anunciação da "Nova Terra"

Este livro é um convite da autora em forma de um abraço; um alento à nossas almas cansadas pela jornada milenar, na forma de uma mão estendida; um conselho fraterno para nosso coração angustiado, através de um carinho silencioso.

Querido(a) Leitor(a)!

Aproveite este momento raro e único em que lhe chegam às mãos estas preciosas Chaves para a sua Ascensão!

O ano de 2005 será lembrado como um Marco Espiritual na História da Humanidade em face da

A NOVA TERRA - O nascimento de uma nova consciência.

anunciação e materialização, na superfície da Terra, de uma imensidade de Fatos Proféticos demonstrados publicamente a toda Humanidade através dos sinais na terra, no ar, nos mares e nos Reinos Animal, Vegetal e Mineral.

Como nos diz a Autora: *"O Tempo de Transição para a Nova Terra é uma Realidade".*

Aqui você, amigo(a), irá encontrar respostas para as grandes dúvidas do momento:

1) Como curar antigas feridas?
2) Como curar padrões negativos de tantos milênios?
3) Como permitir que Energias puras de Luz se infiltrem ao longo do corpo?
4) Onde, em nós, começa a Transição, a transformação para a Nova Terra?
5) Como lidar com esta Transição?
6) Como nos prepararmos para a Nova Terra?
7) Como fazer o retorno à vida espiritual?
8) Como vencer no amor, enfrentando a tempestade exterior e interna?
9) Como limpar a alma, através da retirada de implantes?

Neste livro, de início, você irá encontrar o relato autêntico de uma peregrina igual a mim, igual a você, que, entre tantas lutas individuais num planeta aparentemente estranho, despertou em si mesma, através dos instrumentos que aqui estão sendo divulgados, o caminho

Introdução

de volta à Casa do Pai, o caminho da Auto-Realização, da Paz Interior e da Felicidade.

Em seguida, temos a informação da chegada dos novos seres que já compõem a Nova Terra – as crianças Índigo e Cristal, a prática do verdadeiro Amor, como enfrentar a perda da Morte, a Reencarnação, as Leis Divinas da Nova Terra, entre uma infinidade de temas de grande importância.

Nesta transição de Eras e Ciclos Cósmicos, a autora nos apresenta ensinamentos universais acessíveis a todos, de todas as religiões e credos, através dos pequenos empecilhos do cotidiano que se tornam os grandes obstáculos à nossa felicidade presente.

Acredito que, ao ser tocado pela narrativa dessa Mensagem, um processo novo de pura alquimia espiritual será iniciado em sua alma sonhadora, pois a grande verdade é que "O Novo Céu e a Nova Terra" são uma realidade aqui e agora, e é esta Verdade que está em cada página desse livro, é o presente que as Novas Energias das Estrelas estão nos trazendo como recurso de ajuda no despertar desta última hora da História.

Acredito também que podemos nos ajudar e ajudar a milhares de pessoas simplesmente levando a elas esta Mensagem: *Não é possível mais repetir os mesmos erros nem agir da mesma forma com padrões ultrapassados de conduta sem haver um retorno imediato de infelicidade e tristeza.*

Por isso, este grito, este convite, este clamor, este canto espiritual precisa ser levado adiante e ser conhecido, pois vivemos o ápice da escravidão das almas através do domínio dos implantes espirituais nesta humanidade adormecida.

"EU SOU" infinitamente grato por estar tendo a oportunidade de conhecer este belíssimo trabalho de divulgação da Nova Terra, pois acredito do fundo do meu coração no selo energético do Amor Incondicional do Deus Pai/Mãe que aqui vem direcionado individualmente a cada um de seus filhos nesta caminhada de volta: o reencontro da família Cósmica que estava perdida.

É com grande alegria, estendo meu profundo agradecimento a esta minha querida irmã de caminhada espiritual, Mara, por esta obra de Amor usando uma de suas frases maravilhosamente inspirada: *"Aquele que não ama jamais será livre".*

Com carinho e profunda gratidão,

Alexandre Nominato

Parte 1

Capítulo 1

Saudades do lar

De repente, a gente se dá conta que anda chorando sozinho e as próprias mãos acariciam o rosto molhado pelas lágrimas que nem se envergonham de cair, porque não são lágrimas de tristeza, mas de aceitação, de compaixão, de ternura, de amor. De repente, percebo que meus braços me abraçam e sinto, assim, o calor do meu próprio carinho, o mesmo calor que abraça amigos e familiares. De repente, me pego conversando comigo mesma sobre tudo o que meu ser está sentindo, tudo o que meu ser está escrevendo, e as respostas brotam, do meu interior, tranqüilas e sensatas; percebo então quão especial deve ser o ser divino que vive em mim.

É assim que tem sido desde que me aceitei como ser diferente, e esta aceitação me fez, pela primeira vez em minha vida, adquirir uma tranqüilidade para viver e, para sempre, continuar.

Até então é como se houvesse um vulcão interno, constantemente pronto a explodir; agora, mais calmo, o vulcão de emoções aprendeu a se controlar.

Havia uma certeza em mim: desde pequenina eu sempre soube que não estava no lugar certo; minha alma sentia uma saudade do Lar, uma saudade das estrelas, e este sentimento era muito maior que qualquer dor que eu tenha sentido com a perda em vida ou pela morte de seres que amei durante esta vida. Uma saudade traduzida pela dor da separação do lugar onde seres sabem amar fraternalmente a criação do Pai/Mãe Universal[1] com respeito e sabedoria.

Já em minha adolescência, eu não achava graça nas noitadas que enchiam de loucuras a vida dos meus amigos, à época. Enquanto bebiam e se drogavam, eu, quando ao lado deles, naquela agitação toda, achava tudo muito esquisito, diferente, e quando perguntavam a eles se eu era "careta" me lembro perfeitamente de suas respostas: - Ela já nasceu louca; é louca de brisa. Mal sabiam que eu não ficava louca com a brisa dos cigarros que fumavam, mas que a realidade é que meu ser, já pronto, se preservava do que poderia me prejudicar.

Durante a vida - chega a ser engraçado - muitas vezes me senti diferente, achava que não estava no lugar certo, achava que havia nascido no mundo errado, me lembro bem, e, se algum dia, os meus familiares puderem ler estas palavras, com certeza, lembrarão daquela criança, sábia, agora eu sei, que dizia não ser deste mundo.

Eu cresci ouvindo me dizerem coisas como:

—Deixe de ser boba! Você é uma manteiga derretida!

E, também, outras frases de efeito com a mesma intenção: fazer-me acreditar que eu era uma fraca. E, o pior, é que eu acreditei! Cresci e acreditei que certos e fortes eram os que passavam por cima dos outros para conseguir seus intentos, os que desrespeitavam o sentimento do outro em prol de si próprios. Mas eu não conseguia ser desta forma, eu chorava e não me envergonho mais em dizer que chorava. Chorava e choro até hoje ao deparar com o desrespeito entre irmãos, entre semelhantes, com a falta de amor e compreensão dentro do lar.

Aquela menina cresceu, se tornou mulher, mas as maldades do ser humano continuavam a doer em minha alma.

Agora, muitos devem estar pensando em me dizer:

—Ela pensa que é a única, que só ela sente esta tristeza.

Eu poderia me adiantar a esta resposta, dizendo que sei não ser a única, mas ao menos, em mim, não é mais tristeza, pois se tornou uma certeza que me faz inteira e sem medo de dizer que Amo. Porque verdadeiramente Amo, Amo o ser humano com suas fraquezas, com seus problemas, suas qualidades e riquezas, cada qual com sua história, sem pedir que se transformem.

Capítulo 2

O amor responsável

Eu sempre disse aos que estão mais próximos a mim que os únicos seres a que me senti na obrigação de ensinar, mudar e exemplificar foram minhas filhas, porque, na minha forma de pensar, o Pai/Mãe Universal colocou-as em meu ventre, em minha vida e as fez nascer e viver ao meu lado para que eu as ensinasse o que eu tivesse, à época, de melhor. Mas mesmo aqui, neste ponto, não sinto que eu tenha agido como a maioria das mães. Eu explico: Ser mãe para mim sempre foi considerado um ato divino, muito mais que uma obrigação física eu o sentia como obrigação espiritual. O fato de elas terem se formado dentro de mim, mesmo se eu as tivesse adotado, o fato de eu as ter escolhido, não me fez considerá-las minhas; sempre soube que elas seriam e faziam parte do todo, do mundo. Sempre as respeitei como seres completos e divinos, e se, no começo, nos primeiros anos precisei ensinar-lhes o que o véu do esquecimento[2] lhes tirou para poderem nascer em nossa Terra, sempre tive a certeza de que uma enorme sabedoria existia em cada uma delas e que assim, muitas vezes, ao invés de impor a minha forma de ser e pensar, eu as ouvia, eu as entendia, eu aprendia com elas. Crescemos juntas, dia a dia.

Sempre lhes lembrei suas responsabilidades, todas as vezes que seus corações tristonhos vinham até mim contar alguma situação desarmônica ocorrida entre amigos ou familiares; sempre lhes dizia para fazer sua parte com dignidade, porque elas são responsáveis por si e por seus atos. Um dia, se precisarem, vão responder por eles e não pelo dos outros; e assim agindo teriam o coração, a alma e o mental tranqüilos.

Nem sempre é fácil ser amigo(a) de seus filhos; às vezes você precisa ser mais duro nos ensinamentos; e, nestas horas, se os filhos não tiverem crescido confiando na imparcialidade e na sabedoria de seus pais, podem achar que você tem outros interesses que não o bem-estar deles.

Assim, é sempre muito bom não mentir, é sempre bom dizer-lhes quando souber que errou, deixar que a verdade e o amor fluam, sem autoridade demasiada. Foi esta a forma que encontrei de crescer ao lado do crescimento de minhas filhas.

Nós, pais e mães, sabemos que é impossível passar nossas experiências de vida para eles; sabemos que eles evoluirão com suas próprias experiências, mas tenham a certeza de que lhes contar, relatar-lhes os bons e maus momentos que você passou, irá ajudá-los a compreender situações e pessoas que possam passar por suas vidas, desejando-as ou evitando-as.

Nenhuma criança é feliz se não for amada.

É importante que nós pais e mães aceitemos que o(a) filho(a) que o Pai/Mãe Universal nos deu de presente não é nosso, é da vida, é da Terra é do Todo.

Todo o amor e amizade que lhes der será transformado em segurança para o dia-a-dia. Todo o saber que você acrescentar será transformado em responsabilidade cidadã para seu viver. Toda a sinceridade e bons exemplos que você lhes der será transformado em belas atitudes, no bom caráter que se formará naquele que o Pai/Mãe Universal lhe enviou para caminhar ao seu lado e para lembrá-lo, a cada instante, sobre o milagre da vida, o dom e as dádivas do amor.

E as crianças especiais? Como aceitá-las e amá-las com todas as dificuldades que nos impõem a viver?

Se existem crianças especiais existem adultos especiais, carentes da ajuda que essas crianças lhes trarão.

A NOVA TERRA - O nascimento de uma nova consciência.

Amando-as e respeitando-as com o sincero amor dedicado a todas as criaturas do Pai/Mãe Universal, as dádivas e bênçãos recebidas serão imensas.

Pais e familiares que se angustiam com problemas físicos, mentais ou emocionais de seus filhos, criando-os à margem da sociedade, criando barreiras para que este ser cresça com o carinho e o amor que outros seres podem lhes devotar, esses pais estão trazendo, para si e para seu filho, uma tristeza sem fim.

Hoje em dia, a maioria das crianças já recebe em suas escolas, diariamente, crianças diferentes delas no ver, andar, falar ou ouvir, mas iguais a elas no sentir, no amar.

Hoje em dia, os especiais têm trabalhos e condições de viver muito mais dignamente do que há 20, 30 ou 40 anos.

Nós, geração dos anos 60, 70 e 80, ainda temos alguma dificuldade para conviver com eles, mas já os vemos como iguais e já os temos ao nosso lado em nossos trabalhos e dividimos nosso dia-a-dia com eles com a mesma alegria e satisfação com que convivemos com todos.

Capítulo 3

Crianças e adultos índigo e cristal

Ser especial não é só uma palavra que designa seres diferentes em cap acidade física ou mental; ao contrário, designa seres diferentes, pois sobrepõem barreiras, demonstrando uma força de vontade que só os abençoados têm. Nós, a quem todos os sentidos foi dado, passamos nossas vidas procurando a resposta à vida que está em nosso interior. Eles, seres especiais, ao precisarem descobrir um outro sentido para suprir aquele que lhes faltou, descobrem, muito cedo, a força divina que os anima.

A NOVA TERRA - O nascimento de uma nova consciência.

Então, seres maravilhosamente especiais, aceitem e compreendam os pais e amigos terrenos que o Pai/Mãe Universal lhes concedeu! Pais e mães, agradeçam a bênção de tê-los recebido!

Quanto aos seres com problemas mentais e emocionais, pais e mães, vocês estão recebendo seres de dimensões bem superiores à nossa, que, com humildade e amor sem fim, se dignassem a estar entre nós para trazer-nos um pouco mais de facilidade em nossas missões individuais e em grupo, de ascendermos, junto com Nossa Mãe Terra, para dimensões maiores.

Amem-nos muito! Se pudessem saber, imaginar a dificuldade que é para eles, seres tão elevados mental e fisicamente, viverem em corpos e mentes limitados! Se pudessem ajudá-los a se lembrar dos locais de onde vieram, criando um ambiente de paz, respeito e muita luz e saber, poderiam retirar-lhes das ilusões e do mundo à parte que precisam criar para si próprios, para tornarem mais fáceis estarem entre nós, na 3ª dimensão. As crianças autistas[3], saibam, são as verdadeiras crianças das estrelas!

Então, seres maravilhosamente especiais que vivem penosamente entre nós para nos ajudar no processo de ascensão[4] vibracional, aceitem e compreendam os pais e amigos que o Pai/Mãe Universal lhes concedeu. Pais e mães destes seres divinos, agradeçam a bênção de tê-los ao seu lado!

Crianças e adultos índigo e cristal

Grandes filósofos e estudiosos da vida e do ser já diziam: - Há muito mais mistério entre o céu e a terra do que possa imaginar nossa vã filosofia.

Realmente há.

Educar com amor, preparar para a cidadania, ensinar a preservar e cuidar da Mãe Terra respeitando, aceitando e amando os diferentes, é assim que nossas crianças precisam ser educadas para poderem cuidar desta Nova Terra, pós-ascensão.

Essa nova geração, conhecida como crianças e adultos índigo e cristal, têm reencarnado na Terra nos últimos 50 anos. Os primeiros índigos eram pioneiros e mostradores do novo caminho. Depois da Segunda Guerra Mundial nasce um número significativo deles; são os adultos índigos de hoje. No entanto, após a década de 70, uma grande onda de índigos nasceu. Por isso, temos hoje uma geração que tem entre 21 anos ou estão no princípio dos 30 e que serão os líderes da Nova Terra.

Os índigos continuaram a nascer até mais ou menos o ano 2000. A partir desse ano começaram a nascer, entre nós, as crianças cristais.

Essas crianças são extremamente poderosas, e o objetivo principal delas é levar-nos ao próximo nível de evolução. Elas nos ajudarão a encontrar (revelando-nos) nosso poder interior e nossa divindade.

Elas são como uma consciência de grupo, em vez de individuais, e vivem pela "Lei da Unidade". Elas são uma poderosa força de amor e paz no planeta.

Os adultos índigos e cristais são compostos de dois grupos:

Primeiro aqueles que nasceram índigo e que estão agora em fase de transição para cristais, ou seja, a transição será espiritual e física que acorda a sua consciência crística ou cristal e que os liga às crianças cristal.

O segundo são aqueles que nasceram sem essas qualidades, mas que as adquiriram trabalhando arduamente e seguindo, diligentemente, um caminho espiritual durante sua vida.

Isso quer dizer que todos nós temos o potencial de fazer parte desse grupo emergente de "anjos humanos".

Pais e mães: vou lhes passar as características principais que diferem a criança índigo da criança crystal.

A primeira coisa que as pessoas observam nas crianças cristais são os seus olhos grandes, penetrantes, e a sua imensa sabedoria. Elas são felizes, encantadoras e inclinadas ao perdão. Por terem em si a facilidade e habilidade da telepatia, demoram mais tempo para começar a falar.

As crianças índigo, com idade aproximada entre sete e 25 anos, partilham algumas características com as crianças cristais, sendo seu maior diferencial o temperamento. Índigos têm espírito de guerreiro, porque seu propósito

Crianças e adultos índigo e cristal

coletivo é esmagar os velhos sistemas e costumes inúteis. Eles estão aqui para pôr fim aos sistemas de governo, educacionais e legais que não são íntegros e, para isso, precisam de temperamento e determinação impetuosos.

Pais e mães, nossas crianças merecem respeito, elas são o futuro da Nova Terra!

Capítulo 4

Começando a transformação

E por falar em futuro, havemos que amar, aceitar e compreender nosso passado. Temos que guardar desse passado somente os bons momentos. Temos que aceitar todos os outros como lições que nos trouxeram o ensinamento e a sabedoria que farão nosso futuro muito e sempre feliz.

Meu passado?

Desde muito cedo, eu, a menina insegura, sem saber, sem querer, criou para si situações-limites de vida. Desde o começo, a menina teve seus sonhos podados, arrancados; precisou aprender a sorrir por estar viva, precisou aprender a sorrir por necessidade de continuar. A menina, à época, empunhava sua bandeira, pessoal, e lá, bem no centro daquela bandeira estava escrito "Esperança".

Naquele tempo era tudo o que me movia; hoje, percebo a esperança como um dos adubos que transformaram aquela flor ainda botão em uma rosa cheia de espinhos, mas de um odor tão agradável que atrai para si e para aqueles que a rodeiam a felicidade. Os espinhos existem na flor por necessidade de proteção e, da mesma forma, se formaram em mim.

Isto a que chamo de "espinhos" é a minha aceitação e perdão ao que se passou e no que me transformou. E assim é com todos. Joguem fora, bem para longe, momentos difíceis, situações constrangedoras, lembranças amargas e tristes. Você não se lembra, mas não foi para isso que foi criado; você foi criado para ser feliz, e, apesar da densidade e obscuridade da Terra ter-nos dificultado a caminhada, novos tempos são chegados. Não aceite nada que não seja e que não lhe traga a felicidade.

Se você está lendo minhas palavras e de alguma forma está se achando aqui ou ali parecido(a) comigo, não se envergonhe, você tem um grande valor, como todos temos. Já, já, vai perceber!

Capítulo 5

O verdadeiro amor

Se eu pudesse fazer lhes uma pergunta, arriscaria:

—Vocês já amaram? Já passaram por aquele sentimento que nos deixa "bobos", com um imenso desejo de estar ao lado do ser amado, querendo só ser feliz ao lado daquela pessoa? Amaram?

Tenho certeza de que a maioria deve ter respondido internamente que sim, deve, inclusive, ter sentido saudades daqueles dias.

Pois é, aqueles dias, e aí? Vocês se sentem especiais por terem sentido esse sentimento? E o que foi que aconteceu?

Porque é que, na maioria ou totalidade dos casos, os amores se acabam? Esse sentimento que vocês consideram tão único e especial não é nem mesmo amor. É um engatinhar para quem quer caminhar pelas estradas do verdadeiro amor. As pessoas sofrem os "males do amor" por transformarem esse sublime sentimento numa coisa feia e possessiva, absolutamente egoísta e pessoal, e o convertem numa idéia fixa e doentia que, em um só tempo, transforma-se em ódio e paixão. Que ninguém se orgulhe de amar dessa forma. Deves respirar o Amor tão natural e livremente como respira o ar para dentro e para fora de seus pulmões, pois o Amor não precisa de ninguém que o exalte. O próprio Amor exaltará o coração que considerar digno. ... Não espere recompensas do Amor. O Amor é, em si, recompensa suficiente para o Amor, assim como o ódio é, em si mesmo, castigo suficiente para o ódio.

Vivemos em diferentes níveis: físico, emocional e mental onde agimos, sentimos e pensamos. Temos, assim, os três níveis da personalidade. Ao unir esses três níveis alinhamos o nosso ser, e, na medida em que isso for sucedendo, na medida em que formos vivendo de forma integrada e harmoniosa, nossa personalidade vai sendo absorvida pela alma. Assim, nosso núcleo de consciência, do nível supramental mais profundo do que a mente pensante e analítica, surgirá.

Enquanto não compreendemos nem vivemos esse processo, buscamos diferentes experiências de união externas, à custa de decepções e sofrimento. Com o tempo, percebemos que a busca deve ser interna, e, daí por diante, nosso relacionamento com nossos semelhantes ganha muito em qualidade, pois encontra sua força na fraternidade.

Mas, prestem atenção! Na busca interior, podemos adotar diferentes formas de vida: a solitária, a em que se tem a colaboração de outro ser, ou a grupal.

Todas as três nos expõem a ilusões. Aqueles que buscam a vida solitária podem confundir-se e pensar que precisam se isolar para essa busca e acabam se distanciando de todos e de tudo.

Quem está ou procura caminhar junto a outro ser pode cair na ilusão de achar que seu(sua) parceiro(a) lhe seja igual ou até achar que o outro tem que responder às suas expectativas. Por natureza, o ser humano é separatista e, por isso, não pode haver união perfeita nos níveis de personalidade. Devido às expectativas dos parceiros de se tornarem inseparáveis, a maior parte dos casamentos torna-se, no dia-a-dia, cheio de conflitos e contínuo esforço de ajustamento. Mesmo considerando os raros casos em que a dedicação e o espírito de doação de ambas as partes acabem por criar uma união estável, na maioria dos casos o que ocorre são rupturas traumatizantes. Já aqueles que escolhem viver suas vidas em grupo, sabendo que ele é formado apenas pelas pessoas que participam dele no plano físico (e assim tornam-se apegados ao lado tangível da vida a que estão presentes) conseqüentemente se tornam sectários em confronto com outros; não podemos nos esquecer de que um grupo não é só um fato externo e objetivo, pois acabamos vendo os membros de outros grupos como antagonistas ou concorrentes. Na ciência, artes, educação, religião, economia ou política há antagonismos entre grupos por causa dessa incompreensão.

Uma pessoa equilibrada e madura não prefere nenhuma destas formas de busca, pois sabe que todas conduzem à mesma meta: a interior. Qualquer situação deve ser vista como serviço.

Capítulo 6

O Amor e o amor

Nossos lares são a atmosfera resultante da fusão do pensamento e do comportamento de todos os que ali moram ou freqüentam. Nossas casas ou apartamentos são um reflexo dessas realidades, queiramos ou não. Se cada um dos moradores mantiver uma atitude harmônica, refletida num interior equilibrado que não se rompe a cada aborrecimento, o ambiente doméstico tende a ficar leve.

Quando, enfim, descobrimos o divino que vive em nosso interior, passamos a viver como seres livres da ilusão e do sofrimento material, passamos a entender e a respeitar a vida, respeitar a nós mesmos, respeitar esse corpo-matéria que o Pai/Mãe Universal nos concedeu. No dia em que aprendermos a respeitar esta Terra/natureza que nos recebeu e nos dá todo o necessário para nossa vida, e, principalmente, aprendermos a respeitar o fato de que todos fazemos parte de um único sistema de vida e desejarmos assim sempre o melhor para todos, então estaremos verdadeiramente amando: o perfeito amor, o amor fraternal, o amor que respeita as diferenças por sabê-las necessárias e comuns em um planeta matéria.

Viva para aprender a amar. Ame para aprender a viver. A quem ou que devemos amar? - Podemos escolher uma certa folha da Árvore da Vida e despejar sobre ela todo o nosso coração? E o ramo que produziu essa folha? E a haste que sustenta esse ramo? E a casca que protege essa haste? E as raízes que alimentam a casca, os ramos e as folhas? E o solo que envolve as raízes? E o sol, o mar e a água que fertilizam o solo? Se uma pequena folha merece seu amor, quanto mais o merecerá a árvore toda! O amor que corta uma fração do todo, antecipadamente se condena ao sofrimento...

O amor que você sente por seu(sua) esposo(a), namorado(a) é um amor-paixão, não é amor. É algo muito diferente. O amor dos pais pelos filhos é, tão-somente, o limiar do sagrado Amor. Enquanto todo homem não amar todas as mulheres, e vice-versa, enquanto cada criança for filho de seu pai e de sua mãe, unicamente, não existirá Amor. Deixo que os homens se gabem das carnes e dos ossos que se apegam a outras carnes e a outros ossos, mas jamais aceitarei que chamem isto de Amor.

Esta é a melhor forma de viver? Não, não é.

Capítulo 7

A falta de amor

Enquanto você passa sua vida trabalhando e estudando para dar um *melhor viver* aos seus filhos e ao pequeno grupo familiar e de amigos, outros tantos passam também suas vidas *sobrevivendo*, porque, acredite, a matéria, e tudo o que advém dela, é limitada; e quando você obtém e guarda para si e para os seus mais do que o necessário para suas vidas, você está subtraindo materialmente o direito de outros seres viverem igual. Nesse momento, por única e exclusiva falta de amor fraternal, vocês dizem:

A NOVA TERRA - O nascimento de uma nova consciência.

—Nós fizemos por merecer, estudamos, nos esforçamos durante anos, viajamos, conhecemos outros países e culturas para chegar onde estamos. Nada nos foi dado de graça! Essa é a sua verdade, mas é vergonhosa.
Qual é a Verdade?
Vocês só estudaram durante anos, se especializaram, se tornaram mestres na área que escolheram porque seus ancestrais, da mesma forma que vocês, acumularam riquezas em forma de egoísmo, de desrespeito ao todo, de desamor.

Como vocês pensam que uma criança nascida em um grupo familiar pobre, que precisa se preocupar em sair de casa com a mãe para conseguir dinheiro para a comida do dia, pode pensar em estudar? Como podem e de que forma esses pais podem lhes querer dar uma vida melhor, se seus dias são de luta para a sobrevida?

Vocês responderiam: - O problema é deles! O problema é do governo, não é meu!

Inverdade novamente, o problema é seu!

Você não percebe porque seu egoísmo é tamanho que já vem presumidamente arraigado ao seu DNA, mas você faz parte do todo e é, sim, responsável por ele. E nesse todo incluo tudo o que pulsa vida neste nosso planeta.

Enquanto viverem egoisticamente, estarão criando, sim - preste bem atenção - todas as adversidades a que chamam de crimes contra a sociedade.

De vocês, a quem muito foi dado, tenham certeza, muito será cobrado. E não é nenhum Grande Mestre da

48

história a lhes dizer, é um ser humano, que quer gostem ou não, é como vocês.

Vocês estão subtraindo o direito de outros *viverem*.

Isto é o que a falta do verdadeiro amor acarreta, um mundo em total desarmonia.

Para quê guardar tanto? Para que comprar tantos imóveis, tanto dinheiro, em várias nações?

Para que? Vocês responderiam:

—É para garantir uma vida boa para mim e para meus filhos.

Eu concordaria, desde que vocês fossem seres sensatos, pois, convenhamos, garantir uma casa para cada filho e dinheiro o suficiente para eles poderem terminar seus estudos, começar uma vida profissional seria o suficiente, não seria?

Com certeza vocês não acham, pois não é isto que fazem; mas, além de estarem sendo insensatos, estão demonstrando uma falta de amor fraternal tão grande que chegam a causar náuseas a esta que lhes escreve, e morte a muitas crianças e adultos que não conseguem sobreviver sem comida, remédios, médicos, empregos, casa, sem vida.

Cada vez que se apoderam, honesta ou desonestamente, de mais do que precisam para viver, estão tirando de seus semelhantes.

Algumas organizações sociais e políticas nos ensinaram que as verdadeiras mudanças ocorrem, sempre, de baixo para cima.

A NOVA TERRA - O nascimento de uma nova consciência.

Considerando que nossa estrutura social é como uma pirâmide, onde a base maior é o povo que recebe menos de um salário mínimo e o topo são os empresários, políticos e banqueiros inescrupulosos de nosso país, sinto comunicar-lhes: que esta afirmação é mais uma mentira que a história nos impõe, para que esses seres continuem a viver dos bens que não lhes pertencem e que deveriam estar justamente divididos entre os habitantes de nosso planeta.

A mudança acontecerá somente quando esses seres conseguirem compreender as verdades cósmicas, contidas no ser interior e divino de cada um; essas verdades cósmicas, aos poucos, nos vão chegando e demonstram que de nada adiantaria, mesmo se toda a comunidade trabalhadora do Brasil parasse para demonstrar aos "poderosos" que eles dependem de nós como nós dependemos deles, pois, ainda assim, não teriam aprendido a, verdadeiramente, amar, fraternalmente amar.

A mudança virá quando esses seres, ricos em matéria e pobres em espírito se derem conta de que o justo, o certo, o humano e divino é viver em igualdade de condições com todos, pois somos todos iguais, divinos, e a divina Terra, que já se manifesta contra este desrespeito sem fim, continuará a criar situações que farão as nações desumanas e cruéis pensarem na igualdade que reside em todas as criaturas viventes neste planeta.

Capítulo 8

Mudança necessária

Vamos analisar sob outro prisma. O ser humano não sabe criar, quero dizer, o ser humano não sabe criar a matéria do nada, através da luz, não sabendo criar tem que viver com o que tem, com os recursos da natureza. Lembrando o que já falei acima e sendo a natureza limitada em seus recursos, e você, tendo mais que necessita para si, está tirando de outrem, certo?

Se você respondeu que não, está defendendo o vergonhoso DNA defeituoso formado por dezenas de gerações egoístas e criminosas, daqueles que dizem que dinheiro não cai do céu nem nasce em árvore, portanto não faz parte da natureza. Você pensou em alguma destas respostas? Perdoe-me pensar. E, pensando, vou lhe responder e, por saber amar fraternalmente, vou lhe falar de peito aberto.

Mais uma vez estão enganados, em nome dessa ilusão que criaram durante milênios e que está na hora de mudar. O que é que se vende para virar dinheiro?

A resposta é:

—O que se vende é a matéria transformada, e a matéria sempre veio da natureza. Vocês retiram gratuitamente da natureza a matéria para ser transformada. Os seus ancestrais já faziam isso e vocês assim continuam. Então vocês dirão:

—Mas a capacidade, a inteligência para se chegar a esta transformação vem do homem, do homem que sabe usar sua inteligência! Me perdoem novamente, mas isto a que chamam de inteligência lhes foi dado gratuitamente.

A inteligência é um dom divino que lhes é concedido gratuitamente, como também é dada a todos os outros seres humanos. O que lhes fez condicionar a inteligência a matérias físicas foi o estudo que puderam ter com o dinheiro que vocês impedem seus semelhantes de ter.

Assim, a inteligência lhes foi dada pelo Pai/Mãe Universal para ser utilizada para o bem do todo e de todos, não para uso próprio e de um pequeno grupo de amigos e, por ser gratuita, não deveria ser colocada por vocês como moeda de troca.

Pensem nas nossas leis: por mais que os seres que as idealizaram tivessem tido boa intenção, o fato é que vocês, com suas inteligências, utilizam-nas para seu próprio bem ou para o bem de seu pequeno grupo de defeituosos daquele gene do DNA, aquele gene que, se bem formado, nos dá o dom de amar.

Assim, não se sintam tão justos; o de mais certo e justo há no mundo atual é que não há justiça[5] igual para todos os homens.

A mudança precisa vir de você. A mudança é amor.

Capítulo 9

A Terra viva

Nas páginas anteriores lhes falei sobre a matéria, sobre a natureza. Agora, de forma clara e responsável, vou lhes falar sobre este magnífico ser pulsante e vivo, de um amor infinito, este ser chamado Terra, o nosso Lar.

Quando de sua criação, a Terra foi um planeta que absorveu e tragou as energias que a rodeavam, tomava as energias dos seres que encontrava e os assimilava completamente. Isso ocorria pelo processo de fusão de nosso centro, que agora chamamos de força gravitacional e que atualmente nos mantém presos à Terra; mas, à época

A NOVA TERRA - O nascimento de uma nova consciência.

de sua criação, isso ocorria pela necessidade natural de expansão pela qual a Terra passava. A Terra, de algum modo, sentia um vazio, uma insuficiência dentro dela que interpretava como necessidade de conquistar e assimilar outras energias. À época, como a Terra não dava nada em troca a essas energias, não havia uma interação entre elas (Terra e energias), e assim, após muito tempo, a Terra se deu conta de que este processo não a satisfazia mais. Aquela sensação de vazio (insuficiência) continuava.

Nesse momento, dentro daquele ser vivo, dentro da consciência (princípio divino de tudo no Universo) da Terra, nasceu o desejo de vivências (vida). Mesmo inconsciente, a Terra criou um espaço para a experiência de algo diferente dela mesma. Energeticamente isso significou o começo da vida na Terra.

Faz parte da Lei Cósmica do Amor, que não serve só à Terra, mas a todos nós, que todos os desejos, que são uma mescla de pensamento e sentimento, são energias criativas.

Assim, dentro da Terra surgiu um desejo: desejo de experimentar vida, de apreciar e preservar a vida em lugar de destruí-la. E assim aconteceu. Era nossa Terra começando a ascender. A vida chegou à Terra e começou a florescer, um novo campo de experiências que a encheu de surpresa e satisfação. A Terra começou a perceber grandes e novos desenvolvimentos.

Sobre a Terra surgiram muitas formas de vida que trocavam experiências com as novas energias presentes. A

A Terra viva

Terra se tornou um amplo local de procriação. Com a criação da vida, a Terra e as criaturas nela viventes começaram a seguir uma linha de desenvolvimento interior. No nível interior de consciência, a Terra lutou por *éons* de tempo para encontrar o equilíbrio entre o dar e o receber.

Como planeta, a Terra dá e recebe vida. No início de sua criação, etapa na qual ela absorvia e gastava energias, ela só recebia. Atualmente, ela se inclina para o outro extremo, dando o limite do que pode dar.

A Terra tem tolerado a violência e a exploração da humanidade por muito tempo, e essa desumana exploração é, em algum sentido, karmicamente adequada, já que a Terra foi provida da oportunidade para chegar a um completo entendimento do equilíbrio entre o dar e o receber.

De todo modo, os limites dentro dos quais o desacato e a exploração aceitáveis pela Terra, chegaram ao equilíbrio entre o dar e o receber; agora, no nível de amor e consciência, não tolerará mais o abuso do ser humano. Esse nível de consciência, da mesma forma que acontece conosco, seres humanos em evolução, atraiu para a Terra energias de harmonia e respeito que repelirão e repelem qualquer energia negativa e destrutiva. Na NOVA TERRA haverá paz entre o planeta e os seres que vivem nela, homens, plantas e animais.

A NOVA TERRA - O nascimento de uma nova consciência.

Esta é a Terra que nos recebeu, nos acolheu quando de nosso nascimento, a Terra que nos concede o alimento que você come desde que sua mãe deixou de amamentá-lo. Esta é a Terra que lhe dá água doce e salgada que equilibra nosso organismo, que lhe dá, gratuitamente, tudo o que precisa para viver e crescer, esta Terra pulsa, sim; ela é viva, ela possui a vida que brota nas nascentes, que colore as flores, que dá fruto às árvores, que dá condições aos animais da terra, do mar e do ar de se multiplicarem; é a terra que transforma os desertos e dá beleza e claridade às geleiras. Em tudo o que há acima e embaixo da terra há vida, a mais sábia forma de vida, vida com amor.

A Terra foi desrespeitada, abusada.

Os seres humanos tiraram dela a matéria-prima para construir máquinas que destroem o próprio homem e ela própria. Tiraram desta Terra a comida que ela tinha para dar a todos os seus filhos. Destruíram e poluíram seus rios e mares.

Tudo o que estamos vivendo atualmente em termos de catástrofes naturais é resultado desse desrespeito sem fim. Todas essas catástrofes naturais que vemos acontecendo em todo o mundo são reflexos da indignação e da dor do ser vivo sagrado, nossa Mãe Terra.

Se pararem para pensar, essas catástrofes atingem a todos, ricos e pobres, provando que, ao contrário do que temos feito com nossos semelhantes, a Terra não faz distinção, é sábia. Só nós, os humanos, destruímos o mais fraco para viver em abundância desnecessária.

Essas catástrofes continuarão até que todos aqueles a quem a Terra deu em amor e recebeu em desrespeito aprendam a, verdadeiramente, amar. A Terra evoluiu, chegou ao equilíbrio, atraiu para si energias de harmonia e respeito que não aceitam qualquer energia negativa e destrutiva. O homem aprenderá a amar sem fronteiras, amar sem medidas, simplesmente amar.

As nações do mundo terão que se entender e entrar em acordo umas com as outras. Já estamos presenciando situações em que nações vizinhas e inimigas têm, através da dor, deixado para trás antigas, velhas e arcaicas energias de desamor.

Os cinco elementos (terra, água, ar, fogo e éter) têm sua consciência alinhada com o divino. Os elementos não esqueceram sua origem, ao contrário do ser humano, que a esqueceu coletivamente. Devemos honrar-nos uns aos outros, devemos recomeçar reconstruindo um novo mundo, juntos. Sem pré-juízos, sem nacionalismos, sem fronteiras, com um senso de união entre os países, os continentes e o globo terrestre.

Capítulo 10

Aprendizado do amor

O perdão do homem ao que fez com a Terra virá em forma do aprendizado do amor, que, infelizmente, foi requerido pelo ser humano terrestre através de suas ações de desamor, com a dor. Eu escrevi que o ser humano não sabe criar; isso se deve ao fato de que tudo no Universo é criado com amor e luz, juntos, em harmonia.

Se o ser humano não sabe amar, automaticamente não sabe criar. Infelizmente, o ser humano ainda vê o amor da forma mais materialista possível, como forma de suprir os desejos pessoais e egoístas de cada um, e imagina que isso é o que vai lhe trazer felicidade.

Procurar a felicidade no outro é querer continuar ouvindo o que mais se ouve no ser humano: Não existe felicidade; o que existe são momentos felizes! É tão fácil compreender esse engano humano. Se você entrega sua vida e sua felicidade a outra pessoa, você realmente só vai ser feliz quando e se esta outra pessoa quiser. Assim, você passará muito mais tempo de sua vida tentando fazer com que esta pessoa se sinta bem para que ela queira fazê-lo feliz, do que realmente sendo feliz. É uma perda de tempo e de qualidade de vida muito grandes. A este jogo impuro de sentimento é que você, ser humano, acostumou chamar de amor. Quando você for capaz de amar-se incondicionalmente, então você é capaz de amar outro, o todo.

Prestem atenção na forma como acontecem as uniões em nossas comunidades. Escolhe-se a pessoa amada para suprir desejos básicos egoístas do ser humano. Tanto o homem quanto a mulher agem dessa forma: vão tendo seus desejos satisfeitos, o desejo de se ver sexualmente satisfeito(a), o desejo de ter uma casa para voltar depois de um dia de trabalho, o desejo de ter alguém que o supra materialmente, o desejo de mostrar aos(ás) amigos(as) que nada falta, o desejo de ter filhos e constituir uma família, e, entre um desejo e outro, vai se formando essa família embasada no nada, porque, em momento algum, houve,

Aprendizado do amor

nesse relacionamento, ao menos o ínfimo desejo de realmente amar. E aí, em poucos anos aquele amor torna-se o que realmente sempre foi: uma amizade. Amizade que teve a ajuda de poderosos hormônios para se tornar uma paixão que tudo cega, e que é a base do jogo sujo descrito acima, longe de ser a realidade.

Apesar disso, existe o que chamam de almas gêmeas uma alma gêmea é seu semelhante e duplo oposto, o outro aspecto de seu ser interior, um ser completamente conectado a você, um ser que se originou ao mesmo tempo que você. Por isso, digo o quanto importante é você se encontrar e se amar, antes de procurar o outro para acompanha-lo na caminhada desta vida, porque é necessário o amadurecimento do amor incondicional antes dessa procura. A alma gêmea é o perfeito relacionamento, o ser mais perfeitamente alinhado com você e é, de fato, uma parte de você em algum lugar. Então, se vocês estão tendo problemas na descoberta de seus(suas) companheiros(as), há provavelmente uma boa razão para isso: eles não estão aqui. A realidade? Essa que todos vocês vivem, e que perceberão, se deixarem de lado a falsa moralidade, é que não sabem amar porque não sabem se doar, porque só querem ver e ter seus desejos satisfeitos e realizados, fazendo o mesmo com os desejos do companheiro

(a). Não sabem amar porque não se descobriram os seres maravilhosos e divinos que são. Assusta-lhes a possibilidade de saberem que são responsáveis eternamente por vocês próprios? Então é mais fácil entregar suas vidas a outros e morrer culpando esse outro ou outros por sua infelicidade, mas não é assim: você será cobrado(a) por tudo o que tenha feito ou não para si, para o seu bem-estar, para o seu engrandecimento, para o desenvolvimento do todo a partir do verdadeiro amor que descobrir em você, e que, a partir daí, fará um bem enorme para o todo, sem distinção, sem preconceitos, sem fronteiras.

Não existem, com raríssimas exceções, na Terra, casais que possamos dizer que foram criados um para o outro, seres que se completam espiritualmente, almas gêmeas; não existem porque esta união é espiritual, e nós ainda pensamos a união em matrimônio como material unicamente.

Talvez as novas gerações, os humanos índigo e cristal, que já vêm para esta Terra nestes momentos em que esta forma de viver em matrimônio se mostrou totalmente inadequada para a construção de seres íntegros e felizes, talvez estes novos seres nos surpreendam e nos ensinem, pela sua facilidade, a viver e crescer junto à comunidade, com respeito a tudo e a todos. Aguardamos que eles comecem a nos trazer o que é o verdadeiro amor entre seres elevados. Esse verdadeiro amor não se contenta com o bem-estar de um pequeno grupo porque é formado por seres que sabem que fazem parte do todo, eles serão capazes de criar a partir do amor e da luz que lhes serão intrínsecos porque eles, índigos e cristais, sabem e sentem-se divinos.

Capítulo 11

Um novo sentimento

Mas já há, agora, em nossos dias, uma nova e linda luz a brilhar dentro dos corações humanos: a luz que expressa a energia do divino masculino e feminino no nosso planeta. Essa luz calorosa e radiante incendiará de alegria corações que puderem e estiverem preparados para senti-la. Esse amor se manifesta como Unidade, Equilíbrio, Harmonia e Gratidão e você perceberá que, ao precisar fazer escolhas, permitirá que seu ser escolha a Unidade, o Equilíbrio, a Harmonia e a Gratidão. Perceberá que, ao agir assim, em seu próprio coração ancorará esse novo sentimento de alegria que certamente compartilhará com outros seres, mas o principal, ao fazer esta escolha, é respeitar e honrar esse sentimento, mesmo com aqueles que são muito diferentes de você, que têm diferentes valores e idéias culturais. Esse sentimento, essa nova luz em seu coração o levará a compreender a necessidade de honrar a diversidade e a diferença entre a família humana.

Seu coração será capaz de reconhecer a verdade do amor essencial em todos os seres e assim honrará os espaços sagrados dos outros como honra o seu, em particular.

No lugar da paixão desmedida, o novo sentimento, iluminado, imenso e bondoso que sinto em meu coração tem o nome de Ternura; este sentimento que ancorou e invadiu meu coração dedica a mim e ao outro delicadeza, gentileza, bondade, cuidados e cordialidade. Quando estou e sou este estado de Ternura, que eu gostaria que fosse sempre, não consigo ser agressiva ou sentir raiva, só consigo ser gentil e feliz.

Assim, falando de mim, desse sentimento grandioso, calmo e dignificante que aprendi a sentir e que batalho para que seja intenso o suficiente para que meu ser sinta a docilidade e a mansidão da Ternura em todos os momentos da minha vida, assim, você também, pode escolher entre as velhas relações (raiva e medo) perante os desafios de seu dia-a-dia ou escolher entre os novos modos de seguir adiante, com Ternura e Franqueza.

Um novo sentimento

E é verdade, apenas aqueles que têm um forte senso de si próprios, de sua integridade, terão coragem de entrar dentro desse espaço.

É preciso que percebam que sua reação de raiva e medo está motivando a outra pessoa a terminar com raiva e medo também.

Se vocês abrirem seus corações para a Ternura e o Amor, terão um relacionamento voltado para a franqueza e a honestidade, e essa ternura sem fim, esse caloroso, radiante e tranqüilo sentimento, é a base da união de companheiros de alma.

Acreditem, eu sei, eu sinto, as recompensas são grandes, vocês serão convocados a escolher mais e mais, a escolher com seus corações. E o maior presente será que, à medida que aprendermos a fazer estas escolhas, criaremos a sinceridade e a ternura de ser, que permitirá criar as amorosas uniões de almas gêmeas que tanto desejamos em nossas vidas.

Além desta Ternura que ancorou em meu coração, que adquiri com a descoberta do verdadeiro ser divino que vive em meu interior, outro fato que me anima neste novo ser desta nova terra foi perceber que aquela bondade divina, tão infinita, tão soberba, que víamos manifestada no eterno doar sem nada receber de nossa natureza, que a bondade desrespeitada e ultrajada pelo ser humano durante milênios, essa bondade resolveu dar um basta na vergonhosa tentativa de "ser" do ser humano.

Capítulo 12

A Nova Terra

Na Nova Terra...
Não há mais lugar para o falso.
Não há mais lugar para o mal.
Não há mais lugar para o que usa o poder contra seus semelhantes.
Não há mais lugar para aquele que acha que o mais esperto leva vantagem em tudo.
Não há mais lugar para o que usa a força contra a doçura.
Só o amor, a ternura e a boa vontade com o todo terá vez na Nova Terra.

O que temos visto e assistido pelas mídias faladas, escritas e televisivas nos últimos anos, e que continuaremos a ver, ouvir e assistir por todo o mundo e cairem, vergonhosamente desmascarados os que utilizaram as imorais formas de ser, viver, governar e gerenciar povos e instituições, caírem, e, vergonhosamente desmascarados os que tulizamas imorais formas de ser, viver, governar e gerenciar povos e instituições. Caem e levam consigo outros seres que lhes acompanhavam na suja forma egoísta de viver sem amor e sem nenhuma luz.

Os seres humanos vivem atualmente uma enormidade de experiências, e, por sermos seres sensíveis, somos constantemente pegos em redemoinhos de emoções que inundam nossos campos emocionais. Perceba que as mídias que acima mencionei brincam com nossas emoções de modo a fazer-nos determinadas coisas como comprar certos produtos ou adotar determinado comportamento. A máquina política brinca com nossas emoções para favorecer a si próprios e continuar esta forma irresponsável, desigual e inadequada de governar. A elite brinca com nossos sentimentos e emoções, levando-nos para a direção que desejam, ditando modas e modismos exclusivamente materiais e voltados para o bem- estar deles.

Para que você seja um ser livre, se você deseja ser este ser livre, soberano, precisa se desprender desses dramas: *precisa encontrar uma forma de estar no mundo e não ser deste mundo.*

Como precisamos trabalhar para viver, devemos encontrar maneiras de fazê-lo, sem sermos apanhados pelas emoções negativas que nos rodeiam. Não dá para se desconectar delas todas ao mesmo tempo; tornem-se, então, transparentes perante elas, deixem que passem por vocês sem se prender a elas. Exemplificando: Se alguém estiver aborrecido, irado ao seu lado, não é preciso unir-se a essa pessoa em seu sentimento; tentem sempre se manter calmos no meio do caos.

Criem este espaço de paz dentro de vocês, quando sentirem que estão sendo pegos pelo drama; silenciem, prestem atenção ao seu inspirar e expirar, procurem dentro de si o local de paz que construíram para si e conduzam-se suavemente para esse local. Cultivando esse hábito de permanecer calmos e centrados perante o caos, vocês estarão adquirindo uma grande força e não permitirão que a negatividade de outros lhe agrida.

Agora, pensem: nada mais será feito às escondidas a favor deste ou daquele grupo de "especiais" em detrimento do bem-estar do povo, do ser; nada mais ficará escondido. Já expliquei por que isto ocorre e continuará a ocorrer: são as forças que repelem qualquer negatividade da Terra, da Nova Terra que já evoluiu. Assim tudo virá à tona, toda a lama e sujeira em que vivem os que tinham sido escolhidos pelo Pai/Mãe Universal para ter e ser portadores de graças e bênçãos que deveriam ter sido distribuídas aqui na Terra com seus semelhantes. Tudo o que fizeram contra a

A NOVA TERRA - O nascimento de uma nova consciência.

vontade divina do Amor, tudo o que fizeram egoisticamente por si e pelo seu pequeno grupo será descoberto. Nada e ninguém se verá livre da única justiça imperativa, que eu chamo de Justiça Cósmica, baseada na ética de seres de Luz e Amor. Esta Justiça é embasada no Amor fraternal, não em interesses pessoais e sórdidos de pequenos grupos.

Capítulo 13

A força do pensamento

De repente a gente se dá conta de que anda chorando sozinho e as próprias mãos acariciam o rosto molhado pelas lágrimas que nem se envergonham de cair, porque não são lágrimas de tristeza, mas lágrimas de aceitação, de compaixão, de ternura, de amor.

Enquanto estou aqui lhes escrevendo, sinto a vida lá fora correndo por sobre as ruas como o sangue corre em nossas veias para nos dar vida. Penso na imensidade de vidas, casas, famílias e pensamentos. Ah... os pensamentos!

Se pudessem supor o poder que existe em seus pensamentos, principalmente agora que esta Terra passou a perceber e receber novas vibrações (positivas), jamais voltariam a deixar suas mentes pensarem em qualquer coisa negativa. O ser humano, como mencionei anteriormente, não pode e não consegue criar a matéria, mas pode e deve criar para si e para os que os rodeiam, um ambiente melhor para se viver, pensando positivamente.

A Criação começou com um pensamento. O Pai/Mãe Universal estava completamente só na vastidão do espaço. Olhou pra o vazio e pensou em quão maravilhoso seria criar o Universo e todas as coisas vivas. Seu pensamento foi a energia que antecedeu a Criação.

Todos nós fomos criados de uma única forma, separado das outras criaturas. Parte de nosso processo de pensamento, enquanto o ser humano se origina naquilo que chamo de Mente Consciente; é a mente que usamos em nossas experiências diárias, em casa, na escola, no trabalho ou na hora de brincar. Esta parte pensante é que nos faz escolher o que vamos comer durante o dia, a roupa que usaremos, e assim por diante. São nossos pensamentos cotidianos.

Existe nossa Mente Subconsciente que é a parte oculta. Estes pensamentos ocultos ficam no fundo da mente, onde as informações são arquivadas para serem utilizadas no futuro, embora não possamos utilizá-los sempre. Quando precisamos da informação, ela estará lá a nosso dispor e nos ajudará em forma de pensamento.

A força do pensamento

A Mente de nosso Ser Superior é a parte de nós que está sempre ligada á mente divina. Assim, quando tivermos um problema, uma dúvida, se entrarmos em estado de relaxamento para meditar e pedir ao Pai/Mãe Universal que nos dê a resposta àquela situação, a resposta nos é concedida como um pensamento ou sabedoria divina.

O pensamento é um processo natural de vida. É através da energia do pensamento que nós aprendemos.

Quando o Pai/Mãe Universal pensou no que queria Criar, isso foi criado. Somos parte do Pai/Mãe Universal, Unos com o Pai/Mãe Universal, unos com o pensamento do Pai/Mãe Universal, também podemos criar com a energia do pensamento.

Pensar em algo ou alguma coisa significa dar, transmitir energia. Se você tem pensamentos amorosos com uma pessoa, essa pessoa recebe essa energia e corresponde da mesma forma.

Faça o teste, sinta-se divino ao perceber que, sempre, só dependeu de você.

Não aceite, não suporte, não queira para você nada que não seja o melhor, e comece com seus pensamentos.

No começo vai ser complicado controlá-lo, mas treine, e, cada vez que perceber que falhou, tente novamente. Quando você falar sobre alguém, se não for positivamente, não fale. Quando for julgar alguém, se não for positivamente, não julgue. Quando passar por você alguém diferente de tudo o que você está acostumado a ver como normal, não conceitue negativamente. Este foi e ainda é o mais difícil para mim. Como é complicado não prejulgar. Como é realmente difícil aceitar o diferente. Deixar de falar mal do outro, deixar de se preocupar são pontos difíceis de alterarmos em nós; exigem muita força de vontade, muita concentração. Eu mesma precisei me "autoinventar". Deixar de falar e pensar negativo é estritamente um jogo mental, um jogo que você joga consigo, que tem muitas derrotas e uma única vitória, a definitiva, porque quando se consegue pensar positivamente, falar positivamente, as mudanças energéticas que acontecem em sua vida são tantas que nada mais o fará voltar atrás nesta forma de ser e de viver.

Capítulo 14

Nossa Herança Divina

Quanto a se preocupar com fatos ou pessoas é uma perda de tempo e de energia muito grande e só deixa evidente para os outros a sua falta de fé; quando falo na falta de fé não estou me referindo a este ou aquele grupo religioso, falo de nossa ligação real e divina com o Pai/Mãe Universal. Se há em você a certeza de ser o sopro divino que o anima, dá vida, para que se preocupar? Tudo é perfeição em você e ao seu redor, sempre. Aceitar esta realidade é viver em Fé.

Tenha certeza de que a vida que o anima é a mesma que me anima e é a mesma que anima tudo o que há em nosso planeta e em nosso universo como nos outros infinitos universos no Cosmos.

Procurar em si, dentro de seu ser todas as respostas que procura inadvertidamente em outros seres é, com certeza, o melhor a se fazer.

Eu escrevi, no começo desta conversa, que, desde pequenina, eu achava que não era aqui o meu lar; escrevi também que me aceitei como ser diferente, e assim tornei-me mais feliz, mais íntegra, e assim tem sido. O que não mencionei, lá no início, e que agora se torna providencial mencionar, é que foi ingênuo e imaturo daquela menina achar que este não era o Seu Lar, que ela havia nascido no lugar errado, porque a realidade é que aqui é sim o Seu Lar, mas a forma em que se vive neste Lar é que estava errada e inadequada, mesmo porque, sabendo quão lindo e maravilhoso foi o projeto de criação deste planeta paraíso, era difícil aceitá-lo como sendo o local para onde eu havia sido enviada.

Estudei, passei por vários grupos de ligação com o Pai/Mãe Universal existentes em nossa Terra e concluí que houve, sim, interferências negativas durante centenas de milhares de anos, quando o ser humano passou a valorizar o "ter" em vez do "ser". O desrespeito e o desamor tomaram conta do meu Paraíso. Assim, se eu pensava que podia ser melhor, essa minha disposição positiva de melhorá-lo energeticamente traria aquele Paraíso de volta para nós.

Um pensamento amoroso, um pensamento positivo irradiado para o mundo, ao encontrar outras ondas positivas de pensamento humano, vão formando uma imensa onda de Amor que sempre encontra, em sua caminhada, outras e outras ondas de pensamentos amorosos e vão limpando os ambientes trevosos que o próprio ser criou em seu Paraíso.

E é aqui, nesta forma de pensar e de me expressar, que reside minha maior indignação quanto ao meu desagravo e surpresa com os "poderosos" da antiga Terra. E, digo, a mudança total só se dará quando estes compreenderem que a vibração negativa da vida que levam é uma energia tão nefasta para o todo e para si próprios como seres eternos, que somente a conscientização deles sobre a desigualdade e desamor que causam poderá ajudar nestes momentos de desequilíbrio por que toda a nossa Terra passa.

A transformação que está ocorrendo na Terra nunca antes foi experimentada, desde a criação.

Está mais do que na hora de tomarem para si a responsabilidade de suas vidas, por nossa felicidade. Está na hora de livrarem-se das algemas que os prendem. É hora de reivindicarem sua Herança Divina; estamos em um Tempo de Responsabilidade, esta é a Nova Terra.

Capítulo 15

A ordem na Nova Terra

A sua recusa em assumir total responsabilidade por sua vida, suas ações, suas palavras, seus feitos e tudo que os cerca caracterizam-os como anjos caídos.

Aceitem ou não, acreditem ou não, minha idéia é expor, esclarecer a vocês que agora vivemos o tempo em que as energias de causa e efeito estão retornando a cada um de nós muito rapidamente, e os exemplos disso têm sido mostrados em nosso país e pelo mundo afora em termos de limpeza do negativo; é só ver e ler os noticiários que nos apresentam há pelo menos quatro anos seguidos.

A NOVA TERRA - O nascimento de uma nova consciência.

A vocês, "poderosos do mundo trevoso" (é assim que chamo, bem-humoradamente, os "portadores do DNA defeituoso"), já deixei meu recado. Para mim e para a imensa população de humanos vocês são vistos como pouco merecedores das graças e bênçãos que o Pai/Mãe Universal lhes concedeu, são e continuarão sendo vítimas das próprias trevas que criaram. Envolveram-se, de tal forma, no jogo do "ter" ao invés de viver o verdadeiro "ser", vivendo unicamente voltados para matéria, para si e para o pequeno grupo de familiares e amigos, que não conseguem associar essa energia negativa que os rodeia a tudo que de ruim lhes tem acontecido. Acordem! A Ordem na Nova Terra mudou; não os aceita mais. Nada mais que vocês tentem fazer que não seja voltado ao verdadeiro amor, o amor fraternal, nada dará certo.

O desrespeito à Mãe Terra e seus filhos foi tão grande, que a Nova Terra, agora evoluída, não aceitará mais o desamor a sua volta. Quanto a nós, humanos, também divinos, que sabemos e aceitamos a divindade do Pai/Mãe Universal em nossos seres, que vivemos nossas vidas sem prejudicar o semelhante, que aprendemos a suportar e alterar positivamente a conseqüência de nossos atos e pensamentos, cabe-nos irradiar Amor para a essência que há dentro daqueles que nos parecem menos merecedores, vítimas de si próprios. Mas, ao irradiar esse Amor, não o façamos simplesmente perdoando suas ações, mas agindo e ajudando-os a agir, voltando-os à transformação necessária para que haja elevados resultados para todos; assim, evitaremos acrescentar em nós as energias negativas deles.

Cabe, neste ponto, informar-lhes que também me é certo que nesta Terra ninguém é inocente. Todos nós, até certo ponto ou em algum momento desta ou de outras de nossas vidas, fizemos o mesmo jogo que agora repudio. Dessa forma, ao gritar para vocês: - Acordem! Ou ao julgá-los pouco merecedores, sei que estou julgando a mim mesma em algum momento desta ou de outra vida.

Sei que esta não é uma atitude amorosa, digna dos seres ascensionados, sei que preciso continuar treinando meu ser para transformar este sentimento, mas, também sei, é preciso escrever, é preciso esclarecer e vou deixar, por enquanto, a energia perfeita e pura do verdadeiro Amor para os Mestres Ascensionados.[6] Ainda é difícil para mim e para todos não deixar que a negatividade e destruição que estão sucedendo pelo mundo nos afetem.

Os Mestres nos pedem para aceitarmos os seres que estão experimentando toda essa mazela e tristeza que temos visto nos eventos cataclísmicos. Todos concordaram, no nível de suas almas, em realizar este supremo sacrifício para que nossa Terra avance. Eles nos explicam que todos que fizeram e aqueles que ainda farão a transição (morte) pelos cataclismos estão agora felizes, sabendo que realizaram suas contribuições no papel que cada um se propôs desempenhar.

Este é mais um motivo que me faz cobrar, e muito, os que foram agraciados pelo Pai/Mãe Universal com a matéria (dinheiro, fortuna) e com o saber (poder, inteligência), porque, se os que aqui na Terra eram chamados de pobres e humildes cumprem com sacrifício suas missões com a Mãe Terra, o que pensar dos que têm condições de ajudar a melhorar nosso planeta e não o fazem?

Para mim e para vocês, resta-nos ser amorosos, compassivos observadores, cumpridores de nossas tarefas que, muitas vezes, desempenhamos inconscientemente.

Para que isso aconteça, para que entendam o motivo do porquê estão aqui, peço que mudem sua percepção a respeito da vida na Terra, do que é realmente importante. Detenham sua atenção no templo de seu coração e comecem a construir o seu paraíso interior, seu local de paz, preenchendo-o sempre com amor, beleza e harmonia, e então exteriorizem a perfeição.

E isso a que chamo de sua assinatura energética, gradualmente, irradiará para o mundo positividade, que acabará por se encontrar com outras ondas energéticas positivas de amor que afetarão e mudarão tudo à nossa volta.

Desde seu acordar, tenha cada momento de seu dia como precioso e perfeito, para usar como desejar, mas não aceite menos que a perfeição, pois a perfeição é o que você merece.

A ordem na Nova Terra

Saiba que se integrar a estes conceitos e ver a si mesmos como força capaz de magnetizar positivamente todas as maravilhas da criação pode transformar o mundo, e acabaremos por criar o mundo ideal, de paz, abundância e harmonia.

Cure suas antigas feridas com o perdão a si próprio. Cure antigas memórias com o saber-se divino, com este imenso Ser de amor que encontrará no templo de seu coração, e utilize essa energia para criar a perfeição do futuro.

É normal, à medida que você retira de si os profundos núcleos de padrões negativos com que viveu até hoje, emergir de sua memória, para serem clareados e dissolvidos, sentimentos de frustração, confusão e até medo. Não aceite e lembre-se: tenha como precioso e perfeito cada momento de seu viver!

Conforme você for aceitando e permitindo que energias puras de luz infiltrem ao longo de seu corpo, você liberará tudo de menor vibração ou de energia impura.

Então, aceite os sentimentos de desconforto, como oportunidade de se desfazer de tudo aquilo que não serve ao mais elevado.

Capítulo 16

Consciência de massa e consciência planetária

Como em toda mudança, a crença popular ou consciência de massa oscila muito até que se estabilize dentro de uma norma sensata. Assim, acostume-se; nestes momentos de intensa mudança individual e planetária, haverá muitos ensinamentos e declarações, alguns para aterrorizar ou assustar, outros para auxiliar, mas nenhum deles deve deixar que retire seu poder divino, sua herança divina. Lembre-se (e isto é eterno), você deve fazer seu trabalho internamente, deve trilhar seu caminho para o esclarecimento mental sozinho; ninguém pode fazê-lo por você.

A NOVA TERRA - O nascimento de uma nova consciência.

Cada momento seu, cada pensamento seu, cada ação, cada evento, cada palavra é de uma imensa importância; assim, nestes novos tempos em que vivemos, é que os tesouros de nova sabedoria, novas percepções, novos poderes de argumentação e raciocínio estão sendo colocados à sua disposição... se você estiver aberto para os receber.

Com cada novo impulso dessa elevada vibração, uma porção de sua realidade existencial se dissolve como tudo o que não está em equilíbrio e harmonia.

Em alguns momentos, nestas minhas colocações, eu escrevo sobre as necessárias diferenças que nos impõe este nosso mundo material.

A primeira e maior de todas as evidências dessas diferenças é a dualidade em que somos obrigados a viver nesta Terra. Essa dualidade, ligada à matéria, começa com o dia e a noite, o quente e o frio, o claro e o escuro, o bem e o mal, o homem e a mulher, o duro e o mole, etc. Há dualidade em tudo e nós precisamos aprender a viver com essas diferenças.

Vocês devem ter percebido que eu não mencionei o certo e o errado, pois, a meu ver, sendo o ser humano divino, posso considerá-lo mais ou menos elevado, mas nunca certo e errado. Dentro da dualidade é que estão inseridas todas as motivações para as grandes guerras mundiais.

Consciência de massa e consciência planetária

Essas relações antagônicas como tensão, ação e reação produzem o despertar da humanidade a uma plena consciência planetária.

Capítulo 17
A morte. Por que temê-la?

A segunda maior evidência da dualidade terrena é a vida e a morte, tão comuns e tão certas. A maioria dos seres humanos só reverencia a vida, teme a morte por desconhecer a divindade do ser pleno. A vida, nós a vemos cantada em versos e prosa; a morte, quando mencionada, é falada pelos cantos em voz baixa, com medo, por ser desconhecida. Será? Como aceitar a morte?

Por que mudar a forma de pensar a morte? Porque só teremos dignidade em vida no dia em que dermos dignidade à morte.

A NOVA TERRA - O nascimento de uma nova consciência.

Nós crescemos aceitando algumas teses sobre a morte: uma diz que permaneceremos dormindo até o dia do juízo final, quando, então, todos os seres do bem terão seus corpos ressuscitados e passarão a viver em glória ao lado do Pai/Mãe Universal. Outra forma de pensar é a que nos ensinaram nossos ancestrais, por aceitarem a alma como princípio divino do ser, se refere ao que ela passa, após a morte: novas experiências de reencarnação, evoluindo em direção ao Pai/Mãe Universal.

Por fim há uma terceira forma que, por não aceitar a reencarnação, enche de medos e culpas o ser humano, dizendo-lhe que se não agirem assim ou assado não haverá para ele, após a morte, o paraíso.

Pergunto-lhes:

Como eu posso aceitar uma filosofia de vida que diz que ressuscitarei e viverei ao lado do Pai/Mãe Universal se eu for do bem, se não me considero, ainda, iluminada e ascensionada em amor e saber o suficiente para chegar ao lado do Pai/Mãe Universal, tanto mais para viver eternamente ao seu lado?

Ou então, como eu posso aceitar o que nossos ancestrais nos passaram ao dizer que, através de várias encarnações, com o auxílio do livre-arbítrio, o meu ser espiritual vai se elevando para chegar à purificação, se considero que essa tarefa tornou-se inatingível pelo simples fato de que realmente o que tem ocorrido na Terra, em termos de reencarnação, é que a maioria dos seres que

A morte. Por que temê-la?

reencarnam tornam-se e sentem-se adormecidos, porque há aqui uma aura de sono e confusão que os tem enveredado, vida após vida, sempre a mesma ilusão da matéria, tornando nossa Terra uma colônia de férias, sem haver, na sua imensa maioria, um crescimento espiritual?

Pior ainda, como aceitar que, seguindo algumas Leis Divinas, nos imputam ser pecadores se não A seguirmos, ou dignos do céu, do paraíso se A seguirmos, se esta Lei não considera as diferenças que acontecem nos nascimentos dos seres humanos? Como eu explicaria o Amor Incondicional que sei existir no Pai/Mãe Universal? Não, não é este o Pai/Mãe Universal que Amo e Venero, nem são estas as Leis Divinas que meu ser seguirá. A minha Lei Divina é a Lei do AMOR.

Pensando assim, vocês podem me perguntar: - Como aceitar a morte, ou o que é a morte? Resposta: Da única forma que encaramos tudo em nossas vidas: se nos aceitarmos como divinos, de maneira natural, pois é isto o que a morte é: Natural!

Da mesma forma que é natural nascer, como nascer é divino, morrer também é divino, natural e lindo.

Capítulo 18

Honrando a vida e a morte

Não há mais motivos para aceitarmos o que nossos ancestrais nos passaram, já que estamos vivendo novos tempos, tempos que eles, nossos ancestrais, não viveram. Vivemos na e para a Nova Terra.

Nascemos, crescemos, constituímos família e criamos amigos durante a passagem de nossos dias; aprendemos com nossos erros e com os erros alheios, se formos inteligentes. Cada nova experiência negativa superada transforma-se em um novo aprendizado, e assim vamos levando a vida. A qualquer momento, se bem vivermos, se honrarmos nossos dias com a vida, qual a dificuldade de honrarmos a morte?

É medo; medo de tudo o que nos falaram e no que acreditamos, medo de não haver vida após a morte.

O que realmente há, após a morte, é a vida real, a vida sem julgamentos, sem dores, a vida com liberdade, a vida que somente os novos seres que estão nascendo junto à Nova Terra sabem viver. E é só conhecer esta verdade para assegurar que nascer, viver e morrer são fases normais e lindas daqueles que decidem viver na matéria por algum tempo, com o objetivo que for.

Esse medo do além-carne é tão grande que alguns seres humanos chegam ao descabimento de segurar, durante meses, anos, através de aparelhos mecânicos, a vida, aqui na Terra, de seres que já poderiam estar vivendo a plenitude e a felicidade do real viver.

Nem sei se seria só o medo que os leva a tal procedimento; o egoísmo de querer aquele ser amado, da maneira que for, ao nosso lado, mais um pouco de tempo, também é um motivo de se prolongar a passagem para a felicidade.

Neste ponto, convém que eu pare e responda o que alguns estão a me perguntar:

— O que lhe dá a certeza de que a vida continua e que é linda como você descreve?

Honrando a vida e a morte

Resposta: Em primeiro lugar, eu sempre pensei que o que há de divino e eterno em meu ser (e que jamais deixará de existir) são os meus pensamentos. Você pensa? Então também sobreviverá. Veja, quando dormimos, nossas almas deixam o invólucro físico e, durante o sono, viajamos, em veste de luz, ao plano etéreo, conhecido como o mundo celestial; ao acordar, o inconsciente nos passa mensagens do que o ser espiritual viveu naquele tempo de sono, em forma de sonhos. É o inconsciente mostrando que seu corpo físico pode ser limitado, mas sua essência divina não é.

Alguém já havia pensado nisto? Não importa se sua resposta foi sim ou não. O que importa é que seja a sua resposta, então, por favor, por um instante, fique tranqüilo, quietinho um pouquinho, centre-se em seu coração, fixe sua atenção em sua respiração, relaxe, apenas sinta a vida entrando e saindo de seus pulmões, até se tranqüilizar o suficiente para deixar que seu ser divino lhe diga se é ou não real que esta vida é ilusão e que real mesmo é o eterno que viveremos após a deixarmos.

Você não está satisfeito com esta explicação? Ela é lógica para mim, mas não precisa, necessariamente, ser lógica para você. Então vamos a mais uma questão:

— Existe energia? Estou me referindo à energia que chega em sua casa, acende as lâmpadas e faz funcionar os eletrodomésticos, etc... Então, existe energia?

— Sim. Você vai responder.

A NOVA TERRA - O nascimento de uma nova consciência.

E eu passo a outra questão:
— Você já pegou a energia? Já abraçou a energia? Deu um aperto de mão na energia? - Não. Vai ser sua resposta.
Mas a energia existe, mesmo que você não a pegue, certo?
Acredite. Nossa essência divina é energia. O Deus Pai/Mãe Universal é energia, você é energia, nós somos energia, o mundo é energia. O Amor é a energia que move o Universo.

Se, enfim, aceitamos que morrer é tão natural quanto nascer, havemos de considerar que a única diferença entre nascer e morrer é que, ao nascermos, somos pequeninos, somos bebês, dependentes. Se ao nascermos somos de difícil trato, por não sabermos nos comunicar, esta dificuldade é diminuída pelo fato de sermos pequenos, de fácil controle; mas, ao morrermos, se considerarmos que a maioria de nós, seres humanos, morremos com mais de 70 anos, então a diferença está no tamanho e no fato de sermos donos de nossas razões e desejos, mas quase sempre impedidos de decidir e opinar sobre como gostaríamos de morrer: se natural e tranquilamente, com a dignidade que a morte deveria ter, ou se ligados a máquinas, remédios e pessoas que não honram a vida que tivemos, a dignidade que aprendemos no nosso viver.
Como poderíamos restabelecer esta dignidade?

Em primeiro lugar, tendo a certeza que nossas vidas são eternas, que somos seres divinos e que nossa passagem pela terra é opção de nosso ser, mas que a real vida eterna reside no além-vida. Em segundo lugar, amando nossa essência divina e a essência de todas as criaturas terrenas como divinas. Em terceiro lugar, criando novas formas para que as pessoas, os seres humanos que têm os corpos físicos com carência energética, doentes terminais, possam ter variadas formas de tratamento dignas do momento esplêndido e especial que estão para viver, o momento do retorno às Estrelas, ao verdadeiro Lar. É este Lar que mencionei no começo desta conversa, quando escrevi que sinto saudades de casa do verdadeiro Lar.

Estes locais podem ser como hospitais, mas sem máquinas ligadas a órgãos e corpos; sem remédio que tire consciência, sem dor, sem rancor. Um lugar onde as pessoas tivessem todo o auxílio de que precisassem, seja física (para não ter dores, para relaxar), emocional (para aceitar, para perdoar), mental (para estar consciente da vida que teve e da sua volta ao Lar) e espiritual (para a preparação junto aos familiares que aqui ficam e para a preparação dos seres que vão). Tudo feito com respeito, amor e dignidade. Talvez com a ajuda da medicina alopata, homeopática, dos para-médicos, medicinas alternativas como a cromoterapia, a energia das pedras e das águas, a musicoterapia, os aromas e toda a ajuda para este momento de Luz e Amor.

Respeitando e tornando digno o momento da morte, viveremos mais felizes, mais tranqüilos, sem medos. Pensem nisso com amor.

Há muitos anos, em nossos tempos de Atlântida, havia uma honra muito grande em relação ao processo da morte. Se eu lhes relatar algumas memórias, suas lembranças do passado podem ajudá-los no entendimento ao que lhes escrevi.

Àquela época, existiam trabalhadores da morte ou trabalhadores da transição. Era maravilhoso passar pela experiência de deixar o corpo, de separar o corpo do espírito e voltar ao estado natural dos seres. Eram lindas as cerimônias, porque, naquele tempo, era como escrever um livro e aquele seria o último capítulo daquela história, o seu capítulo final.

Os trabalhadores da transição preparavam a cerimônia, ajudavam a limpar os corpos com diferentes tipos de água e azeite, saíam em estado de sonho e trabalhavam em outros reinos, a fim de facilitar todo o processo de transição. A limpeza do corpo tinha a ver com a libertação de traumas ou antecedentes da história enraizados na biologia. Agindo dessa forma, o ser podia partir íntegro e plenamente limpo. Nessas cerimônias honrava-se também a pessoa por sua história de vida. Considerava-se uma grande honra partir.

Capítulo 19

Guerreiros pacíficos

De repente, a gente se dá conta de que anda chorando sozinho e as próprias mãos acariciam o rosto molhado pelas lágrimas que nem se envergonham de cair, porque não são lágrimas de tristeza, mas de aceitação, de compaixão, de ternura, de amor.

Eu lhes disse, em algum lugar deste escrito, que se vocês se vissem parecidos(as) comigo em qualquer colocação descrita, disse-lhes que seu valor é grande e, agora, vou lhes demonstrar isto.

Durante toda a minha vida me senti fora de compasso em relação ao resto do mundo. De verdade, eu estava mesmo, e continuava fora de compasso. O resto do mundo está morrendo e eu, você, nos ajudaremos no surgir de um novo alvorecer.

Estivemos fora de compasso para pavimentar uma nova estrada que conduz à liberdade. Não vamos em direção ao resto do mundo e divergimos a cada dia, precisamos fazer o que os outros nunca estiveram dispostos a fazer. Por enquanto, é um caminho solitário que nos levará à Terra elevada em sua forma glorificada.

Você não vê, não percebe, mas criamos alegria onde há tristeza, tornamos a vida bela em seu esplendor interior, mesmo sem nos darmos conta, estamos abençoando todos os que entram em contato conosco. Assim, nasce a beleza em meio à Terra em que vivemos.

Não se envergonhe de um dia ter se achado diferente. Você é diferente e é nesta diferença que reside a esperança da Nova Terra. Aceite-a, viva-a com todas as maravilhosas, dignas e iluminadas mudanças que seu ser vivenciará, pois não há mais nada que possa fazer para voltar atrás. O processo de ascensão já está em movimento; é impossível detê-lo, e também é impossível deter a limpeza do mundo.

Nós somos guerreiros pacíficos, guerreiros pela paz, amor e alegria. Nossa missão é simplesmente ESTAR onde estivermos, mantendo a visão e a promessa da NOVA TERRA, mantendo nosso lugar no mundo, deixando os fatos acontecerem e se revelarem, mantendo-nos firmes em meio a isso tudo.

Parte 2

Capítulo 20

O ser da Nova Terra

O ser da NOVA TERRA é um homem ou uma mulher comuns, que só diferem dos outros por haverem acordado para a sua espiritualidade. O espiritualista[7] não precisa ser intelectual ou formado em qualquer faculdade. Seu estado interior, que se reflete no externo, é produto direto de seu esforço, abnegação e perseverança. O que o difere dos outros é que ele compreende o mundo com maior clareza, não mais se tornando presa fácil da ilusão.

A NOVA TERRA - O nascimento de uma nova consciência.

Não importa em que ponto do ciclo de crescimento cada alma na Terra esteja individualmente; o processo de transformação a afetará. A Terra é seu Lar.

O processo de transformação da Terra vai sustentar e aumentar seus processos de transformação pessoais.

Para nós, que já aceitamos, damos as boas vindas às mudanças em nós e em nosso planeta; estes serão tempos extremamente poderosos. Seremos constantemente elevados pela Corrente de Luz que está inundando nosso Universo.

Quando um grupo considerável de indivíduos escolhe liberdade e amor, ao invés do ódio a si mesmos e da destruição, isso se manifesta na realidade material, e é o que temos realizado. A Terra reagirá positivamente a tudo, já que ela é sensível ao que acontece no interior das pessoas.

Fica claro para mim (e é por isso que meu ser se abriu em forma de palavras escritas, de pensamentos e sentimentos) que o grupo de seres que agora vive junto à Terra, neste momento de ascensão, está conectado energeticamente e de forma profunda à NOVA TERRA.

Nossas razões para encarnar durante esta época de transição não são casuais. Estamos profundamente conectados à história da Terra.

A verdade de nossos corações se manifesta como Unidade, Equilíbrio, Harmonia e Gratidão. O que temos que fazer agora é honrar e respeitar essas manifestações, em nosso dia-a-dia, com tudo e todos.

Nossos corações, nossos sentimentos, nossos pensamentos nos levarão à necessidade de honrar as diferenças na Grande Família Humana, tornando-nos capazes de aceitar a verdade dos outros e honrá-la, convidando o outro para aceitar a sua verdade, criando espaço para compartilhar, unidade e amor em comunidades de pessoas que são diversas e diferentes.

Nossos corações conhecem a verdade do Amor Fraternal em todos os seres e assim honram a diversidade sua expressão e a maneira com que é expressa. Devemos honrar os espaços sagrados criados pelos outros, como honramos o nosso, em particular.

Nossos relacionamentos refletirão nossas novas energias; escolheremos, se assim desejarmos, parceiros baseados na compatibilidade energética e espiritual, ao invés da atração física, e sentiremos esta conexão em nosso coração e alma, ao invés de, apenas, na mente e no corpo.

Aprenderemos como conectar relacionamentos amorosos e eróticos através do fluxo de energia. Assim, uniremos e integraremos nossos corpos energéticos em uniões que são espiritualmente extasiantes, assim como fisicamente prazerosas.

Se vocês desejarem aprender essa técnica, peçam em suas meditações e orações para serem conduzidos a um mestre ou professor cujo trabalho é nos auxiliar a compreender completamente quem e o que somos.

Capítulo 21

Preparando-se para a NOVA TERRA

Estes tempos que vivemos são extraordinários. O que está ocorrendo agora nunca antes foi visto e sentido pela humanidade. É uma transformação. Há uma quantidade enorme de conhecimento a nosso dispor. Vocês podem ter noção disso e cada um de nós pode experimentar uma aceleração de seu crescimento, um coração mais receptivo, mais amor na vida e um maior desejo de conhecer a verdade. Isso é explicado pela ampliação da energia que está ocorrendo, lembram? Já falei sobre essa energia que inunda a NOVA TERRA. Vivemos a oportunidade de retornar aos nossos

verdadeiros estados de consciência, às nossas verdadeiras identidades, o que acabará no processo de Ascensão.
O que é a Ascensão?
—É um estado de freqüência de vibração ampliada.
Então, qual é o processo para a Ascensão?
—Temos crescido acostumados a experiências de reencarnação, e entre uma vida e outra temos ido para uma quarta dimensão (continuando em seguida) e retornando à Terra porque aqui é a plataforma na qual nossos seres conquistarão espaço para a quinta dimensão.

Atualmente nossa experiência de ascender à 5ª dimensão envolve a elevação de nossa freqüência vibracional, que culmina na elevação física de nosso corpo para um estado elevado de consciência.

Abram seus corações

À medida que a Terra, como ser vivo, for se transformando para também ascender à 5ª dimensão, haverá muitas situações cataclísmicas (tremores, vulcões, enchentes, terremotos), é inevitável. Os seres humanos serão sacudidos, começarão a questionar suas vidas e se tornarão um pouco mais acessíveis aos seus corações;

Tenha seu coração aberto em direção ao seu Eu Superior

Não importa como você filosofa. O importante é ter uma consciência do Criador, seja qual for sua ligação com o Pai/Mãe Universal (religião); é muito importante você manter esta Unidade com o Criador.

Amar-se incondicionalmente também é importante, porque é aqui que você começa a amar absolutamente tudo.

Como se amar incondicionalmente?

—Parando de se censurar.

Olhe para si mesmo por todos os lados, todos os ângulos, descubra a verdade sobre si mesmo, conheça suas forças e fraquezas.

Todos sabemos como nos comportar de maneira boa e amorosa, mas por baixo desse comportamento há sentimentos que não são próprios para o bom cidadão. Eis aí o lugar onde pode haver uma rachadura em sua personalidade; você perde muito poder pessoal, e esse lugar que você não deve criar em si é um lugar difícil de acessar o amor.

Para continuar fortes, vivos e saudáveis, têm que estar em condições de amar, verdadeiramente amar. O amor está em todas as partes, rodeia-nos. O amor é o de que estão compostos os átomos, elétrons e nêutrons e é o espaço entre esses átomos, elétrons e nêutrons.

Vocês têm que seguir atrás da sua própria verdade e no seu nível de poder pessoal e, já que o amor se iguala ao poder, continuar aumentando isso. O poder é a habilidade de atuar, agir; sem ação não temos poder. Atuem com integridade, com ética, atuem dentro de si mesmos, onde seu coração deseja, em oposição ao que a sua cabeça deseja. Seu coração sabe tudo. Seu coração está conectado com seus próximos passos, está conectado ao Universo, ao centro do seu ser e é aí que reside sua criança interior, seu Eu Superior.

Quanto mais abrirem seus corações mais amorosos se tornarão. Vocês já não estarão em débito, se estiverem vivendo com seu coração e sendo verdadeiros consigo mesmos. Assim, vocês se tornarão fortes e poderosos e não terão medo, dando cada passo de maneira segura e sabendo exatamente aonde se dirigem. Assim, caminham para a quinta dimensão, e quando chegarem saberão que andaram pelo caminho certo. Nessa dimensão, suas cabeças seriam "o masculino" e seus corações seriam "o feminino"; e, lembrem-se, o masculino é tudo o que se acha manifestado aqui nesta Terra. "O masculino" está aqui para manifestar o desconhecido. Seus corações são "o feminino", eles os levarão aonde quer que suas cabeças os leve, aonde vocês pensam que queiram estar.

Em outras palavras: O divino flui diretamente através de seus corações e é para suas cabeças que é encaminhado, para ajudar vocês. Sigam a vontade de seus corações e para dentro de suas próprias verdades. Seus corações os ensinarão quem realmente são. A verdade lhes mostrará sua própria magnificência.

Leia esta parte de minhas palavras e em seguida execute-as, se assim seu coração pedir. Peço que feche seus olhos, entre em seu coração e deixe que ele lhe mostre para onde está indo. Deixe que seu coração fale de seus sonhos. Esteja em seu coração, sinta-o, acaricie-o; fisicamente pode ser que seu coração esteja plenamente desenvolvido, mas pode não estar, em outros níveis. Deixe que seu coração fique aberto à energia e força. Crie um paradigma onde possa seguir dentro de uma enorme verdade. Quanto maior for sua fé, sua confiança, mais ainda você seguirá o seu coração. Não importa o quão loucas sejam as idéias que provêm de seu coração; sempre, enquanto caminhar para suas idéias, você se dará conta de que elas estão indo para onde o plano terrestre está evoluindo, para onde você está evoluindo, o estado de consciência para o qual estão evoluindo.

Seu coração mantém dentro de si todos os níveis de consciência e todos os níveis de compreensão. Da mesma forma que uma flor cresce para chegar a sua magnificência, florescer e seguir o sol num dia de verão, com seu coração não será diferente. Interiormente vocês têm tudo de que necessitam para brotar, florescer e alcançar sua plenitude como ser humano, para chegar a ser exatamente o que têm que ser. À medida que se expandem em consciência, e quando seu coração também se expande, vocês se tornam mais sábios, mais poderosos, amorosos e compreensivos. A ferida de sua infância se dissolverá. O aborrecimento se liberará e a tristeza se diluirá. O amor ocupará o lugar dessas três energias.

Quanto mais forte você se torna, tanto menos medo haverá em seu ser, e tão menos raiva e tristeza haverá. Sua criança interior o tornará forte e alegre e fará o Universo seu domínio, e o plano terrestre, o seu Lar. A criança em você terá seus pés firmes no chão com clareza, fortaleza e compreensão. Essa criança saberá, com um olhar, o estado íntegro e ético de uma pessoa e saberá trazê-lo para si ou deixá-lo ir. A intuição será absolutamente clara para os que assim conseguirem viver, ouvindo seus corações; suas habilidades para atuar serão superiores. O agir faz parte da condição humana.

Há uma nova energia que está entrando no planeta terrestre, ou seja, a energia que permitirá a duas pessoas conectarem-se ao nível mais profundo. O masculino e o feminino dependendo um do outro ao nível da mais profunda intimidade. Essas energias nunca antes conhecidas no plano terrestre são novas energias e estados de ser, novas formas que circundam e superam formas de vida problemáticas.

Para acessar essas energias seu coração tem que estar aberto. Viva e siga seus sonhos, continue seguindo seus sonhos. Essas novas energias lhe trarão uma nova forma de sentir o amor, com ternura e compreensão. Quando duas pessoas viverem esse amor profundo e esse sentimento profundo de intimidade, os problemas ou questões entre elas serão facilmente resolvidos. Na maioria das vezes, nem serão necessárias palavras; o olhar amoroso será tão potente, que palavras serão desnecessárias. Questões tais como amar, ser compassivo, criar (seja, uma família, uma vida especial ou um negócio), qualquer que seja a criação com a qual o casal sonha, se manifestarão com essa nova energia, o amor... Ele sempre encontrará um caminho. O feminino sempre se fundirá com o masculino e se manifestará.

Capítulo 22

Limpando suas energias

As emoções, energias e questões do passado precisam todas ser limpas. A cada ser humano é pedido que encontre sua felicidade, justamente com o Universo continuamente se expandindo e crescendo. Todos nós somos um microcosmo do Universo, e se o Universo está em expansão e você, ser humano, fica detido nessa evolução, a contração começa. Isso acarreta uma forma de morte resultante de sua falta de confiança, fé e compreensão. Mais abaixo, eu lhes vou passar algumas formas de começar essa mudança, pedindo aos seus seres divinos espirituais que retirem toda e qualquer negatividade que tenha ficado arraigada ao seu ser nessa e em outras vidas que passaram, na forma reencarnacionista de ascensão. Faça-a se seu coração assim desejar, eu a chamo de retirada de implantes.

A humanidade está em uma encruzilhada de caminhos, e essa nova energia está disponível e despertará não milhões, mas bilhões, para uma nova forma de viver. Os sonhos que se encontram em seu coração, se vocês os manifestarem, vão criar um mundo de amor e milagres para cada indivíduo no planeta. As crianças, desde tenra idade, teriam de ser ensinadas sobre o amor, sobre a ligação de seus corações com o divino de seus sonhos, de como manifestá-los, assim como a resolver problemas através da meditação e procedimentos, ouvindo sempre seus corações. As religiões do mundo deveriam liberar sua ânsia de poder e abrir seus corações para as novas respostas e novas formas de ser. Nós temos de ter uma nova compreensão das distintas energias disponíveis nesse nosso planeta. Há muitas respostas novas para antigas questões. Para que possamos criar um mundo de amor e alegria e de liberdade para todos, vocês têm que aprender a funcionar através do coração, não mais da mente. Grandes somas de dinheiro são gastas para formar cientistas, e os grandes gênios de gerações passadas foram todos os místicos que seguiram seus corações e perseguiram os seus sonhos, para fazer com que as coisas acontecessem.

Procure seu coração e siga seus sonhos, manifeste seus dons. Cada simples idéia é uma inspiração Divina, e o Divino pertence, primeiro, a ninguém e, segundo, a todos. Investigue seu coração e procure a inspiração. Encontre o amor, procure seus sonhos e escute as respostas que sempre lhe chegarão. O Universo, o Pai/Mãe Universal, quer que você ganhe e fará tudo o que está em seu poder para que assim o faça. E nunca esqueçam – o amor sempre encontrará um caminho.

Capítulo 23

Como meditar

Encontre um lugar limpo, silencioso, arejado, confortável e em boa ordem. Desligue telefones antes de começar e tranque as portas, se acha que poderá ser perturbado.

Use roupas limpas, folgadas e confortáveis; tome um banho, uma ducha ou pelo menos lave as mãos.

Se você desejar usar algo como foco de sua meditação, use uma vela, uma flor, um quadro ou um som.

Sente-se no chão ou em uma cadeira, com as costas apoiadas. Coloque os braços sobre as pernas, relaxadamente, porém mantenha as mãos em posição de abertura.

Detenha toda a sua atenção para o foco, comece com 5 minutos e aos poucos vá aumentando o tempo até 20 minutos. Não force a mente, mantenha-a concentrada, mas sem esforço. Quando pensamentos interferirem, não os expulse; deixe-os passar. Se a mente se dispersar leve-a de volta ao seu foco, tantas vezes quanto for necessário.

É recomendável meditar sempre no mesmo horário. Para muitas pessoas essa é a primeira atividade do dia, pois o proveito é maior com o estômago vazio. Feito à noite, a meditação pode levá-lo(a) ao sono.

Como meditar em qualquer lugar usando como foco sua respiração

Esteja onde estiver, relaxe e, quando se sentir relaxado, concentre-se. Dirija a atenção para a sua respiração e ouça-a, atentamente.

Entre em sintonia com o fluxo e refluxo de sua respiração e concentre-se nesse ritmo silencioso, de modo que seu ser seja UM com sua respiração. Não se apresse; você está entrando num estado de meditação profunda.

Deixe que a respiração o leve para o "lugar em seu coração silencioso e interior", e respire conscientemente essa quietude.

Visualize sua respiração como marolas num lago, deslocando-se para fora, em círculos cada vez maiores, ou como ondas de luz irradiando do seu corpo.

Como meditar

Retenha deliberadamente essa energia e mantenha o foco. Depois de algum tempo concentre-se no pensamento de que todo ser vivo respira. Diga a si mesmo: - Todos respiramos na Luz.
Agora, abra-se completamente para as forças universais da Luz. Fique com essa sensação o tempo que quiser. Quando quiser, leve sua atenção de volta para o corpo físico. Finalmente, cruze os braços e pernas como um ato de encerramento.

Alimente pensamentos positivos

Quando pensamentos negativos tentarem invadir sua mente, substitua-os por afirmações que podem promover o seu bem-estar. Acostume-se com estas afirmações em versos ritmados, fáceis de decorar.
Algumas afirmações:

Para a saúde:
Meu corpo é o templo de minha alma e cuida de mim perfeitamente.

Coragem:
Sou UM com o Universo e estou sempre em segurança.

Emprego:
Trabalho perfeito com salário perfeito está vindo ao meu encontro.

Sucesso:
Abundância e sucesso vêm a mim de muitas maneiras.

Felicidade:
Sou equilíbrio, alegre, feliz, radiante e livre de todo medo.

Prosperidade:
O Universo é uma fonte inesgotável que derrama riquezas sobre mim.

Você também pode e deve criar alguma afirmação que se adapte melhor a você e suas necessidades. Lembre-se da força que tem o seu pensamento. Utilize seus momentos de quietude para o seu bem. Em vez de ficar pensando ou relembrando momentos passados, ou visualizando momentos futuros, aprenda a utilizar seus momentos para seu próprio bem e, conseqüentemente, o bem de todos.

Capítulo 24

Os implantes

O que são os implantes e como retirá-los

Os implantes e são dispositivos de limitação espiritual são barreiras vibratórias no caminho da ascensão que bloqueiam seu progresso para a plena autofacultação. Eles bloqueiam seu caminho colocando-lhe vendas e criando falsas realidades em sua consciência; portanto, limitando seu acesso para seu Ser Superior. Estes são mecanismos de controle externo das forças escuras que o mantêm numa realidade dual. Ainda que haja muitos tipos, propósitos e causas, todos atuam como canais inconscientes de energia negativa em sua vida e representam ataduras em seu desenvolvimento espiritual. Necessitam aqueles ser curados e estas retiradas.

De onde provêm os implantes?

Os implantes representam padrões kármicos coletivos que têm sido impostos externamente pelas forças escuras num esforço por controlar o pensamento e as respostas emocionais da humanidade. Lembram-se que já mencionei isso? Através da história deste setor do Universo (Terra), as realidades duais têm sido muitas. Nós estamos nos acercando agora do tempo de cumprimento e ascensão de que necessitamos para ser livres novamente e para regressar a nosso pleno estado de divindade.

Quem são as forças escuras?

As forças escuras são seres que não honram o Pai/Mãe Universal como Criador/Fonte. Eles buscam tomar energia e poder de outros seres ao invés de recebê-los do Pai/Mãe Universal. Esses seres foram criados pelo Pai/Mãe Universal, e através de seu livre-arbítrio têm participado na ilusão da separação do Pai/Mãe Universal e, têm se oposto às suas Criações no nível de dualidade. Em sua dor eles buscam controlar a outros. Uma das formas de que se utilizam são os implantes.

Como obtemos os implantes?

Os implantes se recebem de diferentes maneiras, em muitas marcas diferentes de tempos, localizações e situações. Há diferentes implantes e propósitos. Vou explicar-lhes, porque é necessário conhecer, mas o importante é saber que sozinhos podem e vão se livrar de qualquer implante que possam ter adquirido. Alguns tipos são produtos da história da interação com as forças escuras durante nossas numerosas batalhas de dualidade em diversos sistemas planetários. Os implantes são karmas de alma que carregamos de uma encarnação a outra. Uma vez que encarnamos neste planeta, continuarão as batalhas de dualidade. Os dracos e reptóides (seres de segunda dimensão) invadiram este planeta durante o período de Lemúria e têm estado no controle desde então, é contra isso que atualmente lutamos; por isso é tão importante estarmos livres de nossos implantes, pois assim começaremos zerados de negatividades passadas nessa nova evolução e ascensão à NOVA TERRA. Esses seres, depois da queda original de Lemúria, quando Atlântida também caiu, tiveram facilidade de se infiltrar em nosso planeta, pois o nível de vibração do planeta caiu muito com a queda de Lemúria e Atlântida. O governo destes dragos e reptóides prescrevia o uso de poderes mágicos e espirituais para nos controlar. Algumas vezes os processos de implantação matavam o corpo e nós só despertavamos numa próxima encarnação, sem poder e sem memória.

Fazendo isso durante algumas vidas, trouxeram, ao homem moderno muito pouca consciência de seu verdadeiro poder espiritual. A última forma como se tem recebido implantes é através de associações com diferentes organizações espirituais de natureza negativa. Isso inclui qualquer religião ou seita que utilize o controle mental e medo para reforçar o controle de seus membros. Os implantes se recebem através de corpos sutis e controlam nosso acesso às freqüências superiores. Quando nossas vibrações caem ao nível de dualidade e nós cremos na ilusão da separação do Pai/Mãe Universal, tornamo-nos suscetíveis. Como a humanidade vive numa realidade dual e comprou a ilusão da separação do Pai/Mãe Universal, todos estamos vivendo sob a influência de algum tipo de implante ou dispositivo de limitação espiritual. Todos os temos até que nos livremos deles.

Como sei se tenho implantes?

Já que nós, como Filhos da Luz, temos estado ativamente comprometidos em muitas batalhas de dualidade em diferentes sistemas planetários, todos temos sido capturados, muitas vezes, e temos estado sujeitos a implantes, de uma forma ou de outra. Assim, sua pergunta não deveria ser "Eu tenho implantes?" mas "Quais implantes eu tenho e como me desfaço deles?"

Se você está no planeta e não foi limpo, seguramente você os tem. E ainda: se foi limpo por outros métodos, há

Os implantes

a possibilidade de que não haja resolvido todos. Há milhões deles. Este processo vai limpar todas as variedades conhecidas e desconhecidas, para todos os períodos de tempo, dimensões e localizações, simultaneamente. Também existe uma proteção que se constrói com este processo para protegê-lo contra qualquer intento de qualquer ser que se lhe queira implantar novamente.

Por que a maioria dos médiuns não pode ver os implantes?

A maioria dos médiuns está também implantado; portanto, são cegos a eles. Necessita-se de uma disposição e perspectiva especial orientada à ascensão, para estar-se consciente deles, e de um conhecimento especial para o que fazer com eles.

Por quê eu preciso limpar meus implantes agora?

Ao ascender uma alma de regresso à sua Presença EU SOU (divina), todo o karma deve ser balanceado; todo o implante removido. Ainda que haja indivíduos que ascenderam desde o tempo de Jesus, isso tem sido um sucesso raro até agora. O planeta mesmo tomou a decisão de ascender para uma realidade de quinta dimensão. A Graça se estendeu para absolver todo o karma daqueles que elejam a ascensão com ele. Parte da Graça é a liberação dos implantes.

Capítulo 25

O Processo para retirada dos Implantes

Quando estiver pronto e consciente de que deseja remover implantes, observe:

1. Tome duas horas para este processo, ou comece-o uma hora antes de seu horário normal de dormir. Desconecte o telefone e faça o necessário para assegurar que não seja interrompido;
2. Recolha-se em seu espaço privado. Se dormir com alguém, peça ao seu companheiro para que lhe dê estas horas de tranqüilidade e privacidade. Esta

sessão requer consentimento consciente para que funcione;

3. Os primeiros 15 (quinze) minutos da sessão consistem em ler e repetir em voz alta e pausadamente a renúncia de votos. Isto é muito importante e requer uma participação consciente. A revogação de votos é um processo sagrado e lhe será dado pessoalmente;

O que você pode esperar durante o processo?

1. Sensações e movimento de energia dentro e ao redor de seu corpo são normais. Se, em algum momento durante o processo, experimentar tensão em qualquer parte do corpo, relaxe, respire e pense: LIBERE!
2. Sua mente pode ficar agitada, inquieta, podem surgir emoções fortes, são normais. Relaxe, respire e pense: LIBERE!
3. Você pode ter visões de cores a sua volta, principalmente violeta e azul.
4. Depois de haver terminado a revogação de votos e haver aceitado a liberação de implantes, pode ocorrer um estado sonolento, alterado. Durante esse período os Mestres e cirurgiões etéreos estão trabalhando consigo "fora do corpo".

O Processo para retirada dos Implantes

5. Não espere nada. O que seja que experimente é apropriado para você, já que esse processo é profundamente pessoal e diferente para cada um em diferentes experiências. Isso, veja bem, não significa que esteja fazendo nada "mal".

Eu, pessoalmente quando fiz a retirada de implantes, quando passei por esse processo, chorei bastante e me senti um pouco zonza, nada mais.
Começando.
Antes de começar, sente-se e fique à vontade em um local claro, limpo; respire profunda e tranqüilamente três vezes. Concentre-se. Leia e repita em voz alta, pausadamente, as palavras deste Decreto; pense nas palavras que está falando. Acredite em seu poder.

DECRETO PARA RETIRADA DE IMPLANTES

"Eu apelo ao Cristo para acalmar meus medos e para apagar todo mecanismo de controle externo que possa interferir com esta cura. Eu peço ao meu Ser Superior que feche minha aura e estabeleça um canal de Cristo para os propósitos de minha cura, para que só as energias de Cristo possam fluir até mim. Não se poderá fazer outro uso deste canal que não seja o fluxo de energias de Cristo."

A NOVA TERRA - O nascimento de uma nova consciência.

(Imagine uma rotação igual aos ponteiros do relógio de uma energia violeta ao redor de seu corpo e de tudo ao seu redor imediato. Essa energia rotatória continuará por toda uma hora e meia, ou através da noite, se está fazendo este procedimento antes de dormir.)

"Agora, apelo ao Círculo de Segurança da décima terceira Dimensão para que sele, proteja e aumente completamente o escudo de Miguel, assim como para que remova qualquer coisa que não seja da natureza de Cristo e que exista atualmente dentro deste campo."

"Agora, apelo aos Mestres Ascensionados e a nossos Assistentes Crísticos, para que removam e dissolvam completamente todos e cada um dos implantes e suas energias semeadas, parasitas, armas espirituais e dispositivos de limitação auto-impostos, tanto conhecidos como desconhecidos. Uma vez completado isso, apelo pela completa restauração e reparação do campo de energia original, infundido com a energia dourada de Cristo".

Repita todo o seguinte:
EU SOU livre! EU SOU livre! EU SOU livre!
EU SOU livre! EU SOU livre!
EU SOU livre! EU SOU livre!

Repita o seguinte:
"Eu, o ser conhecido como (declare seu nome) nesta encarnação particular, por este meio revogo e renuncio a todos e cada um dos compromissos de fidelidade, votos,

O Processo para retirada dos Implantes

acordos e/ou contratos de associação que já não servem a meu bem mais elevado, nesta vida, vidas passadas, vidas simultâneas, em todas as dimensões, períodos de tempo e localizações, ou onde quer mais na Mente do Pai/Mãe Universal. Eu agora ordeno a todas as entidades (que estão ligadas com esses contratos, organizações e associações a que agora renuncio) que cessem e desistam e que abandonem meu campo de energia agora e para sempre e em forma retroativa, tomando seus artefatos, dispositivos e energias semeadas com vocês. Para assegurar isto, Eu, agora, apelo ao Sagrado Espírito Santo, para que seja testemunha da dissolução de todos os contratos, dispositivos e energias semeadas que não honram ao deus Pai/Mãe Universal. Isso inclui todas as alianças e seres que não honram a deus Pai/Mãe Universal como Supremo.

Ademais, eu peço que o Espírito Santo testemunhe a liberação completa de todos os contratos, dispositivos e energias semeadas, tanto conhecidas como desconhecidas, que infringem a vontade de Deus Pai/Mãe Universal.

Eu declaro isso adiante e retroativamente. E Assim Seja!

Eu agora volto a garantir minha aliança com Deus Pai/Mãe Universal através do domínio do Cristo e volto a dedicar meu ser inteiro, meu ser físico, mental, emocional e espiritual à vibração de Cristo, desde este momento em diante e retroativo. Mais ainda, dedico minha vida, meu trabalho, tudo o que penso, digo e faço e todas as coisas em meu ambiente que, todavia, me servem, à vibração de Cristo, também.

Ademais, dedico meu ser a minha própria mestria e ao caminho da ascensão, tanto do planeta como o meu.

Havendo declarado tudo isso, eu agora autorizo ao Cristo e ao meu próprio Ser Superior para que façam mudanças em minha vida, para acomodar essa nova dedicação e eu peço ao Espírito Santo que testemunhe isso também.

Eu agora declaro isto às chamas masculina/feminina de Deus. Que seja escrito no Livro da Vida. Que Assim Seja. Graças a Deus Pai/Mãe Universal."

DECRETO PARA O PERDÃO

Agora, permita-se curar e perdoar, coletivamente, todos os seus aspectos que fizeram os acordos e a todos os que participaram em sua limitação, de qualquer forma. Por favor, inclua nesta oração de perdão a quem quer que necessite perdoar, conscientemente, assim como aqueles desconhecidos para você. Repita o seguinte:

"Ao universo e à Mente de Deus Pai/Mãe Universal inteira e cada ser nela, a todos os lugares onde tenha estado, experiência de que tenha participado e todos os seres que necessitam desta cura, já sejam conhecidos ou desconhecidos para mim. Qualquer coisa que se mantenha entre nós, Eu agora curo e perdôo.

Eu agora apelo ao Santo Espírito Shekinah, ao Senhor Metatron, ao Senhor Maitreya e a Saint Germain para que ajudem e testemunhem esta cura.

Queridos, Eu os perdôo, por tudo o que necessite ser perdoado entre nós.

Eu lhes peço que me perdoem, por tudo o que necessite ser perdoado entre mim e vocês.

O mais importante: Eu me perdôo a mim mesmo, por tudo o que necessite ser perdoado entre minhas encarnações passadas e meu Ser Superior.

Estamos agora coletivamente perdoados e curados, curados e perdoados. Todos estamos agora elevados a nossos seres Crísticos.

Nós estamos plenos e rodeados com o amor dourado de Cristo.

Nós estamos plenos e rodeados da dourada Luz de Cristo.

Nós somos livres de todas as vibrações de terceira e quarta dimensões de medo, dor e ira. Todos os cordões e laços psíquicos unidos a essas entidades, dispositivos implantados, contratos ou energias semeadas, estão agora liberados e curados.

Eu agora apelo a Saint Germain para que transmute e retifique com a Chama Violeta todas as energias que me foram tiradas, e que elas regressem a mim, agora em seu estado purificado.

Uma vez que essas energias regressaram a mim, Eu peço que esses canais, através dos quais se drenava minha energia sejam dissolvidos completamente.

Eu peço ao Senhor Metatron que nos libere das cadeias da dualidade.

Eu peço que o selo do Domínio do Cristo seja colocado sobre mim, Eu peço ao Espírito Santo que testemunhe que isto se cumpra.

E assim é!

Eu agora peço ao Cristo que esteja comigo e cure minhas feridas e cicatrizes.

Eu também peço ao Arcanjo Miguel que me marque com seu selo; que Eu seja protegido para sempre das influências que me impedem fazer a vontade de nosso Criador.

E Assim Seja!

Eu dou Graças a Deus Pai/Mãe Universal, aos Mestres Ascensionados, aos Anjos e Arcanjos e a todos os demais que tenham participado nesta cura e elevação contínua de meu ser.

Santo, Santo, Santo é o Senhor Deus Pai/Mãe do Universo!"

O Processo para retirada dos Implantes

APÓS O DECRETO

Não se mova por uma hora e meia. Descanse nos braços do Radiante enquanto os Cirurgiões Etéreos removem os implantes completamente. Pode dormir, se desejar, descansando, seguro de que está no caminho da ascensão e de que ninguém pode interferir com a obtenção da Mestria!

Essa cura dispara um ciclo de limpeza de 21 dias, que continuará abrindo sua vida de muitas formas. Na primeira ou segunda semana, pode ser que você tenha sonhos pouco usuais. Esse é um período de evacuação natural. Ou você pode não ter sonho nenhum, fazendo um trabalho de processamento muito profundo. Em qualquer caso, não se preocupe. Coloque especial atenção na forma com que suas próprias percepções do mundo podem mudar. Não se surpreenda se o mundo lhe parece muito mais brilhante e se você vai passar a se sentir seguro nele. As pessoas podem lhe parecer mais amigáveis e ao caminhar por sua vida, áreas que têm estado fechadas previamente para você estarão agora abertas. Há de passar algum tempo (ao menos 30 dias), antes que possa compreender totalmente as diversas maneiras em que sua vida e você foram afetados.

A NOVA TERRA - O nascimento de uma nova consciência.

Alguns benefícios que este processo inclui:
1. Sentimentos de calma interna e claridade;
2. A conversação mental interna está mais tranqüila;
3. A tensão interna se foi;
4. Um sentimento de um novo sentido de propósito e significado na vida;
5. Sentimentos de amor, paz e júbilo;
6. Sua vida melhora em todas as áreas;
7. Sentido de Unidade e Consciência Espiritual elevada;
8. Dissolução de relações não produtivas;
9. Etereamente você possuirá um cinturão dourado amplo que se move defensivamente ao redor de seu campo de energia.

Capítulo final

Um lugar de Amor e Paz

A NOVA TERRA é agora uma realidade, graças a todas as meditações globais organizadas ao longo da semana de 18 a 25 de setembro de 2004 juntos, ativamos e energizamos totalmente o novo sistema de Rede Cristalina. Criamos assim a intenção da Nova Terra na Rede de Amor, Paz e Harmonia. Agora, está feito!

Queremos que todos possam ver esta nova realidade da seguinte maneira:

—As formas de pensamento da 3ª dimensão, embora já estejam ancoradas na quinta dimensão, ainda existem. As novas formas de pensamento existem paralelas às antigas.

A NOVA TERRA - O nascimento de uma nova consciência.

Todos os que estavam prontos fizeram a transição para as formas de pensamento da Nova Terra, durante a semana de 18 a 25 de setembro de 2004. Atualmente e nos próximos tempos, as pessoas vão continuar a fazer a transição de uma forma de pensamento e de realidade energética para outra, apesar de continuarem, aparentemente, no mesmo lugar. A realidade perceptiva e a freqüência das duas terras são bastante diferentes.

A antiga terra vai continuar a desintegrar-se e desfazer-se, causando estresse e ansiedade àqueles que escolherem ficar naquela realidade.

A NOVA TERRA é um lugar de Amor e Paz.

Nossa tarefa também é criar as formas e estruturas desta Nova Terra e ligá-las à Rede Cristalina que já se encontra operando entre nós (as crianças Cristais e Índigos evoluídos, que hoje são nossos jovens). Ao mesmo tempo, mesmo sem nos darmos conta, estaremos auxiliando as pessoas a fazer suas transições.

Todos os que terão que fazer a transição lembrem-se: ela apresenta-se como uma escolha entre o "coração" e a "mente". A energia da antiga terra ainda está dominada pela lógica, pelas soluções mentais e tem tendência a ser de natureza conflitual.

A realidade da Nova Terra segue o coração e a alma e faz sempre as escolhas baseadas no amor, na harmonia, na ternura.

Um lugar de Amor e Paz

As pessoas terão que compreender que, embora continuem a usar suas capacidades mentais e racionais para tratar a realidade material, na Nova Terra, a alma e o coração serão sempre os primeiros a se expressar.

A essência Divina do ser humano deve ser respeitada, a unidade e a santidade de todas as formas de vida devem ser honradas e o Amor deve ser o único motivo das decisões e escolhas.

Os conflitos devem passar a ser coisa do passado e as soluções benéficas dos problemas que possam surgir nas novas famílias da Nova Terra, serão encontradas

Como enfrentar a transição?

Minha transição começou há 25 meses (estou escrevendo esta parte do texto em 8 de outubro de 2005) e descobri que a chave para a transição é a aceitação.

Aqui estão algumas dicas para lidar com os problemas que possam surgir com a transição.

1. Fique em paz com o que acontece com você que está para se tornar um ser multidimensional, com acesso a várias dimensões.
2. Seja bondoso(a) consigo e cuide de si. Como novo ser você carrega uma harmonia igual à energia "Mãe" e igual à energia "Pai". A Mãe diz: "cuide-se como se fosse um bebê recém-nascido, porque é o que você é agora." Precisará de tempo para desenvolver força e aprender as competências novas do seu novo lar.

3. Não tome drogas de qualquer espécie. Obviamente, se você toma medicação para a saúde, então precisa continuar. Tente enfrentar a vida sem tomar tranqüilizantes ou antidepressivos.
4. Evite multidões e lugares cheios de gente. Até as compras passei a fazer em horários mais tranqüilos. A intenção é assegurar a minha paz e harmonia. As pessoas cristais, da Nova Terra, seguram e carregam sempre energia positiva, mas só saberão utilizá-la quando tiverem atingido seu equilíbrio.
5. Mantenha-se ancorado(a) e centrado(a). No começo, se sentirá um pouco tonto(a) e "avoado(a)". Tente dirigir sua atenção aos aspectos físicos da vida. Passe seu tempo livre exercitando-se ou caminhando, ou em atividades culinárias e artísticas. Não passe horas em frente da TV ou perdido em jogos de computadores. Estes só servem para retardar a transição. Sinta-se ancorado, firme.
6. Passe todo o tempo que puder junto à Natureza. Você vai perceber que o ar livre e o sol vão ajudar a reforçar seu corpo.
7. Alimente-se de forma simples; coma tanta fruta e vegetais quanto puder. Deram-me orientações que arroz e vegetais são o melhor tipo de alimento para nosso novo corpo. Mas sacie seus desejos, não é hora de fazer regime nem dieta. Seu corpo precisa de quantidades grandes de boa nutrição para sustentar

o processo que passará; você pode até engordar um pouco, mas vai ter que aceitar que isso faz parte da transição. Para compensar, se conseguir, faça exercícios físicos ou caminhadas em lugares calmos ao lado da natureza.
8. Finalmente, celebre a sua transição com infinito amor por você, com muita alegria. Está para se tornar um ser humano galáctico, o próximo passo na evolução humana.

Pense na Unidade e na União.

Pense na Fraternidade Universal dos Seres Humanos.

Pense a respeito de seus semelhantes, vizinhos, amigos e inimigos como pensa em si próprio.

Pense na União da humanidade.

Pense em todos os seres amando-se uns aos outros.

Desista dos pensamentos que apóiam as diferenças de credos, culturas, de raças, de cores, de idades e tradições.

Ame seus amigos, familiares, ame seus inimigos.

Se existe injustiça no mundo ou ao seu redor, envie Amor à essência da injustiça.

Nada tema, afaste de você todas as emoções negativas, principalmente o medo; ele é a mãe de todas as emoções negativas. Quando o medo desaparecer, restarão a paz, a harmonia, a união e a bondade.

Assim é a nova Terra, um lugar de Amor e Paz.

Aquele que não ama jamais será livre.

Glossário

1. **Pai/Mãe Universal** – Forma que uso para designar o Ser Supremo, Criador do Todo e de Tudo. Uso a forma Pai/Mãe Universal para avitar este ou aquele Nome Sagrado utilizado nas religiões.

2. **Véu do esquecimento** – Quando qualquer um de nós, seres eternos e cósmicos, resolvemos renascer para mais uma vida aqui na Terra, ao reencarnarmos, no momento em que nossas almas passam da quarta dimensão para a terceira, ao se ligarem ao corpo humano, passam pelo processo de esquecimento do eterno, para assim podermos viver segundo a lei do livre-arbítrio ou da livre escolha, característica, de vida na terceira dimensão.

A NOVA TERRA - O nascimento de uma nova consciência.

3. **Justiça** – A virtude de dar a cada um aquilo que é seu.
4. **Dimensões** – Nosso universo é formado por diversas dimensões, sendo que as mais baixas guardam seres mais densos e com pouca maturidade espiritual, e, à medida que o ser evolui, vai sendo transportado, como ser eterno, à dimensões menos densas, mais tranqüilas, onde há paz, onde os corpos não adoecem porque os seres evoluíram. Assim, a terra e os planetas que vemos estão na terceira dimensão, considerada, por enquanto, uma dimensão para o aprendizado do ser. As dimensões inferiores à terceira carregam seres muito animalizados; e os seres de 5ª, 6ª, 7ª e 8ª dimensões são os que chamamos de anjos ou mestres. O número de dimensões para se chegar ao Pai/Mãe Universal eu não sei mensurar. Posso adiantar que tenho conhecimento de seres de até a 32ª dimensão.
5. **Ascensão** – Elevação, pôr em plano superior.
6. **Autista** – Pessoa com patologia caracterizada pelo desligamento da realidade exterior e criação mental de um mundo autônomo.
7. **Grande Fraternidade Branca Universal** – É uma organização de serviço constituída por seres humanos que ascensionaram durante os milhões de anos desde a criação da Terra. É constituída por seres que encarnaram na Terra e tiveram experiências terrestres, em várias épocas, várias religiões e locais do nosso mundo, e se comprometeram conosco, com nossa evolução.

150

Glossário

8. **Espiritualista** – Todo o ser que acredita na existência da morte, na sobrevivência do espírito e na existência do Pai/Mãe Universal. Basta ter um credo, seja ele qual for, para que nos intitulemos espiritualistas.

9. **Decreto** – Determinação, ato de autoridade, vontade, intenção, desígnio.

impressão e acabamento:

Fones: (11) 3951-5240 / 3951-5188
E-Mail: expressaoearte@terra.com.br